高等学校人力资源管理实践教学系列教材

人力资源管理
沙盘模拟实训教程

蒋定福　彭十一　主　编

U0331401

清华大学出版社
北　京

内 容 简 介

本书介绍了指导学生以团队合作的形式、通过沙盘推演模式模拟运营企业人力资源管理实训的全过程。在实训过程中，学生在对企业外部市场竞争环境、人才供需状况及内部人力资源优势与劣势分析的基础上，通过制定企业人力资源管理过程中涉及的一系列活动方案，如人力资源战略规划方案、人力资源招聘与甄选方案、人力资源培训与开发方案、人力资源薪酬福利方案及绩效考核方案，使学生在模拟竞争过程中，就如何制定人力资源规划以满足企业的整体战略、如何实施招聘与甄选的策略、如何选择培训方案、如何制定适当的薪酬标准及如何进行绩效考核等问题展开探讨，从而体会人力资源管理工作与企业整体战略目标之间的关系，感悟各部门经理在人力资源管理中的作用，掌握如何建设和管理团队的方法与技巧及企业人力资源管理实务中的规律。

本书既紧扣基本理论知识，又突出实践操作技能，内容丰富，实用性强，既可作为高等院校"人力资源管理沙盘模拟"课程的教材，也可作为企业管理人员培训的学习参考书。

图书在版编目(CIP)数据

人力资源管理沙盘模拟实训教程 / 蒋定福，彭十一主编. —北京：清华大学出版社，2021.4（2024.7重印）
高等学校人力资源管理实践教学系列教材
ISBN 978-7-302-56583-3

Ⅰ. ①人… Ⅱ. ①蒋… ②彭… Ⅲ. ①人力资源管理—计算机管理系统—高等学校—教材 Ⅳ. ①F243-39

中国版本图书馆 CIP 数据核字(2020)第 187247 号

责任编辑：刘金喜
封面设计：周晓亮
版式设计：孔祥峰
责任校对：成凤进
责任印制：沈　露

出版发行：清华大学出版社
    网　　址：https://www.tup.com.cn, https://www.wqxuetang.com
    地　　址：北京清华大学学研大厦 A 座　　　　邮　　编：100084
    社 总 机：010-83470000　　　　　　　　邮　　购：010-62786544
    投稿与读者服务：010-62776969，c-service@tup.tsinghua.edu.cn
    质 量 反 馈：010-62772015，zhiliang@tup.tsinghua.edu.cn
印 装 者：三河市龙大印装有限公司
经　销：全国新华书店
开　本：185mm×260mm　　印　张：14　　字　数：301 千字
版　次：2021 年 4 月第 1 版　　印　次：2024 年 7 月第 4 次印刷
定　价：58.00 元

产品编号：086968-01

编委会

丛书序

人力资源管理作为我国高校经济管理类本科教学中普遍开设的核心专业课之一，在教学中占有重要地位，具有很强的实践性和应用性。但是我国高校开设人力资源管理专业较晚，而且在教学等方面存在一些问题。因此，如何建设人力资源管理专业、提高人力资源管理专业实践教学质量、促进人才培养是各高校需要关注的焦点。

随着我国经济调整结构、转型发展，如何深化产教融合，促进教育链、人才链与产业链、创新链有机衔接成为当前的重要课题。《国务院办公厅关于深化产教融合的若干意见》(国办发〔2017〕95 号)等文件指出要进一步深化产教融合、产学合作，汇聚企业资源支持高校创新创业教育，促进高校人才培养与企业发展的合作共赢。2019 年 4 月，教育部发布《实施一流本科专业建设"双万计划"的通知》，决定全面实施"六卓越一拔尖"计划 2.0，启动一流本科专业建设"双万计划"，计划在 2019—2021 年建设 1 万个左右国家级一流本科专业点和 1 万个左右省级一流本科专业点。

在此背景下，由国内领先的商科实践教学资源供应商——浙江精创教育科技有限公司组织全国高校人力资源管理专业教师，编写了全国首套人力资源实践教学系列教材。该系列教材围绕人力资源管理实践、实训教学这一条主线，以"理论+实务/技术/工具+实训系统+实训案例"的展现形式，构建了一套全新、实用、符合新时代特征的高等学校人力资源管理实践教学体系。希望该系列教材能提升高校人力资源管理专业实践教学质量，促进高校人才培养。

该系列教材以实训内容为主，涵盖人力资源管理六大模块内容，包括工作分析、人力资源规划、招聘与甄选、培训与开发、绩效管理、薪酬管理。无论是知识的广度还是深度上，力求实现专业知识理论和实务设计相结合，体现人力资源管理专业的应用性及实用性，可以满足各类本科院校、职业院校经管类专业相关课程设置的需要。该系列教材图书书目及相对应的教学平台如下表所示。

序号	人力资源管理实践教学系列教材	对应教学平台
1	人力资源规划实训教程	人力资源规划专业技能实训系统
2	工作分析实训教程	工作分析专业技能实训系统
3	招聘与甄选实训教程	招聘与甄选专业技能实训系统
4	绩效管理实训教程	绩效管理专业技能实训系统
5	薪酬管理实训教程	薪酬管理专业技能实训系统
6	培训与开发实训教程	培训与开发专业技能实训系统
7	人力资源管理综合实训教程	人力资源管理智能仿真与竞赛对抗平台
8	人力资源管理沙盘模拟实训教程	人力资源管理沙盘模拟系统

该系列教材具有以下 4 点特色。

(1) 内容全面，为人力资源课程教学提供全面服务

该系列实训教材涉及人力资源管理专业课程各方面的内容，有人力资源规划、工作分析、薪酬管理、培训与开发、招聘与甄选等内容，有助于学生夯实基础，进行更深层次的学习，无论是本专业学习者还是从事本行业的人员，都能从书中获得启发。

(2) 框架简明易懂，在内容编排上，以实战训练内容为主线

该系列教材紧密结合学科的教学特点，由浅入深地安排章节内容，每一章分基础知识和实战训练两部分内容。基础知识有助于学生掌握本章知识点；实战训练的目的是提高学生的学习兴趣，并帮助学生及时巩固所学知识。

(3) 教材内容与教学软件相结合，便于授课与理解

该系列教材实战训练内容有专业的教学软件，教师授课可使用相关软件，实时指导学生，不仅便于教师授课，同时也便于学生理解，减轻教师的授课压力。学生也可以根据教师的教学目标进行自我训练，快速掌握相关知识。

(4) 设计以学生发展为目标的教学过程

该系列实训教材在编排过程中减少了理论知识的灌输，把学生的发展作为最终目标。每本教材都设立一个贴近现实的案例，让学生在较为真实的情境下学习、思考，以便更快掌握人力资源管理在实际中的操作方法。

为了方便教学，该系列教材提供专业配套教学资源，包括 PPT 课件、案例及解析、学习资料等内容，若读者在使用该系列教材的过程中遇到疑惑或困难，可发邮件至 476371891@qq.com。

◆ 前 言

沙盘，是根据地形图或实地地形，按一定的比例尺用泥沙、兵棋等各种材料堆制而成的模型。由于沙盘能清晰地模拟真实的地形地貌，让其所为之服务的对象不必亲临现场，也能对所关注的位置了然于胸，从而运筹帷幄，制定决策。故在军事上，沙盘常供研究地形、敌情、作战方案、组织协调动作和实施训练时使用。

本书集情景模拟、案例分析、角色扮演和专家诊断于一体，通过新颖的参与式教学、强烈的竞争场景设计，克服了以往枯燥、繁杂的人力资源灌输式教学的弱点，能够最大限度地激发学生兴趣，改变目前许多课程教学过程中理论与实践教学内容相脱节的现象，达到人力资源管理专业理论与实践教学有效整合的目的。

本书是教育部 2018 年第二批产学合作协同育人项目——"人力资源管理沙盘模拟"实训课程教学内容与教学方法改革(项目编号 201802353003)阶段性成果。

全书共分为 7 章，各章内容如下。

第 1 章主要介绍沙盘的起源与发展，人力资源管理沙盘模拟课程的特点，所涉及的专业知识点、课时安排、实践教学方法及实施保障探索。

第 2 章主要对人力资源管理沙盘模拟系统的运营规则进行详细阐述。

第 3 章主要是从管理员、教师、学生三个方面详细介绍人力资源管理沙盘模拟系统的操作。

第 4 章主要从运营对抗的角度来阐述人力资源管理沙盘模拟的运营流程。

第 5 章主要对人力资源管理沙盘模拟进行实战演练。

第 6 章主要对人力资源管理沙盘模拟的经营成果进行分析与点评。

第 7 章主要是总结人力资源管理沙盘模拟的实战技巧。

书后所记的附录，实际上是实训所用的实训表格，对受训者人力资源管理沙盘模拟企业经营过程做了一个详细记录。

本书得到了浙江精创教育科技有限公司及清华大学出版社的领导和编辑们的大力支持，在此一并表示衷心的感谢！在编写过程中，本书编者参考和借鉴了国内外专家、学者、企业家和研究机构的著作、期刊及相关网站资料，在此对他们表示诚挚的谢意！

为便于教学，本书提供试用版系统、PPT 课件、操作手册、运营规则、实训表格等教学资源，可通过扫描下方二维码下载。

教学资源下载

由于时间仓促，加之编者水平有限，书中不足之处在所难免，敬请各位专家、同行、读者提出宝贵意见，以便不断修正和完善。

服务邮箱：476373891@qq.com。

编　者

2020 年 5 月

目　录

第1章

人力资源管理沙盘模拟课程简介

1.1 沙盘的起源与发展

沙盘在我国已有悠久的历史。最早的沙盘雏形出现在秦部署灭六国时，秦始皇亲自堆制研究各国地理形势，在李斯的辅佐下，派大将王翦进行统一战争。后来，秦始皇在修建自己的陵墓时，在陵墓中堆建了一个大型的地形模型，其中不仅砌有高山、丘陵、城池等，而且还用水银模拟江河、大海，用机械装置使水银流动循环，至今已有 2200 多年历史。

根据《后汉书·马援传》记载，公元 32 年，汉光武帝征讨陇西的隗嚣，召名将马援商讨进军战略。马援对陇西一带的地理情况很熟悉，就用米堆成一个与战场地形相似的模型，用各色豆粒标出高山、平原、河流、峡谷、要地、隘口、城池、道路，以及敌我双方军队的部署情况，直观地展现了战场场景，从战术上做了详尽的分析。光武帝刘秀看后，高兴地说："敌人尽在我的眼中了！"这就是最早的沙盘作业。

1811 年，普鲁士国王腓特烈·威廉三世的文职军事顾问冯·莱斯维茨，用胶泥制作了一个精巧的战场模型，用颜色把道路、河流、村庄和树林表示出来，用小瓷块代表军队和武器，陈列在波茨坦皇宫里，用来进行军事游戏。后来，莱斯维茨的儿子利用沙盘、地图表示地形地貌，用各种标志表示军队和武器的配置情况，按照实战方式进行策略谋划，这种"战争博弈"就是现代沙盘作业。

由于沙盘使用价值高，所以第一次世界大战后，在军事上得到了广泛应用。第二次世界大战中，德军每次组织重大战役，都预先在沙盘上予以模拟演练。后来随着电子计算机技术的发展，出现了计算机模拟战场情况的新技术，促使沙盘向自动化、多样化的方向发展。

现代社会，沙盘也被广泛地应用于心理治疗和检测等方面。在心理医生的指导下，被治疗者或被检测者随自己的意愿设置沙盘内的情景，由心理医生根据患者摆放的情节或形态来判断其心理方面是否存在问题。另外，在众多房地产开发商的售楼中心，我们都可以看到用沙盘来模拟的小区规划图或样板房户型图等，这些沙盘模型便于购房者对小区、住房的规划有更深入的了解。

企业运营沙盘仿真实验是瑞典皇家工学院的 Klas Mellan 于 1978 年开发的课程，其特点是采用体验式培训方式，遵循"体验—分享—提交—应用"的过程来达到学习的目的。最初该课程主要是从非财务人员的财务管理角度来设计的，之后不断地改进与完善，针对如 CEO、CFO 等职位的沙盘演练课程被相继开发出来。目前"沙盘演练"的课程被世界500 强企业作为中高层管理者的必要培训课程之一，也被欧美的商学院作为 EMBA 的培训课程。

1.2 人力资源管理沙盘模拟课程特点

人力资源管理沙盘模拟是将人力资源相关理论与实践相结合，通过模拟实训的方式掌握人力资源管理的过程，让学生获得人力资源管理的相关能力。人力资源管理沙盘模拟课程特点可概述为以下几点。

1.2.1 仿真模拟，激发学生主动思考和创新精神

人力资源管理沙盘模拟是借鉴战争沙盘模拟的原理，将企业人力资源管理部门各岗位及具体工作内容制作成类似的实物模型，将人力资源管理工作过程设计为一系列规则，进而模拟企业人力资源管理各部门职能运营过程。学生在虚拟的企业中进行仿真模拟实战经营，亲身参与整个教学实践过程，"在参与中学习知识，在实训中提升能力。"这样在整个教学过程中，不仅有利于学生更好地理解理论知识，主动进行有目的性的思考，激发学生的潜力和创新精神，还

能让学生懂得如何将理论运用到实践中。

1.2.2　寓教于乐，明确专业的价值

本课程借助于专业教学软件，学生通过计算机成为参与者，在虚拟仿真多变的市场经营环境中，自主规划企业人力资源管理全过程，在看似"游戏"的操作中，与多个虚拟竞争对手展开对抗竞争，最终最大化地实现企业量化的经营目标。在此过程中，学生会遇到如何进行市场需求与人才队伍分析、产品生产规划、资金如何合理分配，如何进行人力资源招聘与甄选、培训与开发、薪酬福利及绩效考核等一系列问题，而学生在发现问题、分析问题、解决问题的过程中，会自然而然地认识和了解人力资源管理专业相关课程的知识点，并对自身专业的价值有一个非常直观的体验。

1.2.3　培养学生实践动手能力，提升就业竞争力

本课程强调对学生的实践动手能力培养，在整个课程教学过程中，以学生亲自操作、分析和解决问题为主，教师讲授和总结为辅。在课堂教学过程中，学生自发地就有关问题与其他组进行合作、沟通和竞争，锻炼了学生的智商、情商和应变能力。在经历了破产的刻骨铭心和成功盈利的欢呼雀跃后，学生不仅能认识到战略决策的重要性，更能明白"细节决定成败"的道理。同时，通过对企业人力资源管理过程的模拟，学生对专业的方向和前景有了直观的了解，这对学生专业综合素质和就业竞争力的提升有明显的帮助。

1.3　人力资源管理沙盘模拟课程涉及的专业知识点

通过人力资源管理沙盘模拟课程的学习，能使学生掌握到全方位的人力资源管理技能，并确保与企业的战略发展相匹配。本课程所涉及的专业知识点主要包括工作分析、招聘与甄选、培训与开发、绩效考核、薪酬管理、劳动关系管理。

总之，人力资源管理沙盘模拟彰显了人才在企业经营战略目标中的重要作用，学生在分析企业外部市场和竞争环境，内部人力资源结构优势、劣势的基础上，通过制定招聘、培训、薪酬、绩效考评制度，进行合理的人力资源配置，从而体会到人力资源管理工作与企业整体经营战略之间的关系，探究总结企业人力资源管理实务的规律，感悟各业务经理在人力资源管理中

的作用，掌握建设和管理团队的方法和技巧。

1.4 人力资源管理沙盘模拟课程课时安排

通过人力资源沙盘模拟系统的学习，学生可以掌握人力资源管理的专业技能，并通过分组对抗体验人力资源管理的魅力。课程以熟悉人力资源沙盘模拟系统的构架、体验操作流程和方式为主，建议课时安排为 8 课时，如表 1-1 所示。

表1-1　人力资源管理沙盘模拟课程课时安排1

时间	主题	时间段	内容	授课方式
第一天(8课时)	基本熟悉沙盘构架、体验沙盘操作流程和方式	8:00—9:50	① 讲解人力资源管理模拟沙盘基本设计思路、结构、团队组成，检查经营团队组成情况并约法三章 ② 规则讲解、组成经营团队、塑造团队文化	PPT 讲解
		9:50—10:10	课间休整，分析经营思路	休整
		10:10—12:00	根据数据经营，经历工作分析、薪酬体系设计、人员招聘、薪酬发放、产品销售等，经营至教学年第二周期完成	教师指导学生跟随
		14:30—16:20	根据数据经营，经历工作分析、薪酬体系设计、人员招聘、薪酬发放、产品销售等，经营至教学年第四周期完成	教师指导学生跟随
		16:20—16:40	课间休整，分析经营思路	休整
		16:40—17:30	根据数据经营，经历工作分析、薪酬体系设计、人员招聘、薪酬发放、产品销售等，经营至第二年全部完成	学生自主经营
		17:40—18:30	小组自主讨论经营规则和教学年经营，教师答疑解惑	自主讨论

学生初次接触对抗，建议安排 2 天时间进行对抗，建议课时安排为 16 课时，如表 1-2 所示。

表1-2　人力资源管理沙盘模拟课程课时安排2

时间	主题	时间段	内容	授课方式
第一天(8课时)	基本熟悉沙盘构架、体验沙盘操作流程和方式	8:00—9:50	① 讲解人力资源管理模拟沙盘基本设计思路、结构、团队组成,检查经营团队组成情况并约法三章 ② 规则讲解、组成经营团队,塑造团队文化	PPT 讲解
		9:50—10:10	课间休整,分析经营思路	休整
		10:10—12:00	根据数据经营,经历工作分析、薪酬体系设计、人员招聘、薪酬发放、产品销售等,经营至教学年第一周期完成	教师指导 学生跟随
		14:30—16:20	根据数据经营,经历工作分析、薪酬体系设计、人员招聘、薪酬发放、产品销售等,经营至教学年第三周期完成	教师指导 学生跟随
		16:20—16:40	课间休整,分析经营思路	休整
		16:40—17:30	根据数据经营,经历工作分析、薪酬体系设计、人员招聘、薪酬发放、产品销售等,经营至教学年全部完成	教师指导 学生跟随
		17:40—18:30	小组自主讨论经营规则和教学年经营,教师答疑解惑	自主讨论
第二天(8课时)	团队合作、自主经营、激烈对抗、精彩点评、快速成长	8:00—9:50	第二年正式自主经营,企业战略与人力资源战略分析,资金规划,正式开始人力资源管理经营	自主经营
		9:50—10:10	课间休整,分析经营思路	休整
		10:10—11:30	继续经营至第二年完成	自主经营
		11:30—12:00	课程分享,教师呈现第二年经营排名,并进行分析点评	教师点评
		14:30—16:20	第三年正式自主经营,企业战略与人力资源战略分析,资金规划,正式开始人力资源管理经营	自主经营
		16:20—16:40	课间休整,分析经营思路	休整
		16:40—18:00	继续经营至第三年完成	自主经营
		18:00—18:30	课程分享,教师呈现第三年经营排名,并进行分析点评	教师点评

1.5　人力资源管理沙盘模拟课程教学方法及实施保障探索

1.5.1　人力资源管理沙盘模拟课程教学方法

1. 班级集中授课

沙盘模拟经营规则比较复杂,在学生动手模拟操作前,教师可以采用精讲的方式,以班级为单位，向学生集中讲解经营规则和注意事项，重点告诉学生如何从理论层面去理解规则及如何从实战层面去应用和分析，知其然和知其所以然。

2. 学生小组实验

沙盘模拟经营规则讲授完之后，学生以小组为单位组建人力资源管理团队，团队成员分工协作，各自担任一定角色，团队成员依托浙江精创公司开发的人力资源管理沙盘模拟软件，以在线沙盘比赛的方式进行仿真运营模拟。各人力资源管理团队依次完成市场需求与人才队伍分析、产品生产规划、资金合理分配规划、人才招聘和挖人替补规划，人才培训开发、薪酬福利激励及绩效考评管理等工作，并在规定时间内完成方案分析并将决策量化数据输入计算机。经多期模拟经营后，计算机根据模拟经营数据，综合评价各公司的经营绩效并排出比赛名次。

3. 教师个别交流与指导

在学生小组实验过程中，教师可充分利用校园网、微信、QQ 等在线沟通平台，通过发布理论知识、赛事信息、比赛攻略、学习心得、赛事总结等相关知识和信息，实现论坛/话题的同步功能。在此期间，教师回答学生经营过程中出现的问题是其重点内容，当然老师也可以利用邮件等形式，实现师生之间跨时空的课程异步交流功能。

4. 学生自助学习

教师可利用学校信息中心提供的课程网页或 MOOCS(大规模在线开放课程)的方式，结合自己授课时的课件和教材，把课本知识设计成一系列有标准答案的在线复习题，让学生自主选择时间，在线自主学习，同时让学生组成小组，相互比赛，最后要求每个小组根据经营过程中出现的问题及比赛成绩，提交在线研究报告，教师在线及时批阅，这样学生基本上可借助网络实现自助学习。同时在校内鼓励学生组建课外沙盘学习社团，定期开展校内人力资源管理沙盘模拟对抗赛。鼓励他们通过网络和校外不同院校之间进行友谊赛，成绩优秀的团队，学校支持他们参加中国人力资源管理协会举行的国家级专业对抗赛。至此，基本上建立起课堂学习、课外活动、课程赛事(课堂赛—校园赛—校际赛—国家级比赛)这一理论与实践、学习与体验、活动与赛事三位一体的实践教学方法，如图1-1所示。

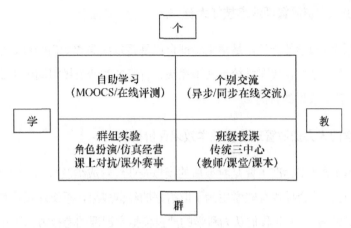

图1-1　人力资源管理沙盘模拟课程教学方法

1.5.2　人力资源管理沙盘模拟课程实验教学方法的实施保障

1. 完善专业培养方案，将"人力资源管理沙盘模拟"课纳入专业实践课程体系设置中

"人力资源管理沙盘模拟"课属于新开设的创新创业课程体系范畴，在老的专业培养方案中没有设置这门课程。因此，我们应该完善原专业培养方案，将"人力资源管理沙盘模拟"课纳入专业课程体系，同时考虑该课程在模拟经营时具有连续性的特点，因此采取专项实训周的方式来完成教学任务较好。

2. 组建校企合作的课程教学模式

本课程实践性比较强，学校可以考虑与企业合作，共建人力资源管理沙盘模拟培训基地。在课程教学内容上，可积极引进企业中成熟的管理实践教学内容和教学方法，以缩短学校与社会的距离。在课程教学师资上，可以请企业中相关方面的专家作为培训讲师，为学生讲解相关沙盘的操作方法和技巧，并带领学生到企事业单位工作现场观摩企业具体业务操作规程，提高学生学习兴趣。

3. 组建人力资源管理沙盘学习社团

目前各高校开设人力资源管理沙盘教学的课时都很少，而学生真正掌握沙盘需要大量的时间，这样就需要各高校的学生自主学习，利用大量的课外时间，到实验室去进行练习。为了有针对性地指导和管理好学生，这个时候组建人力资源管理沙盘学习社团，发动学生社团平时对沙盘实训室进行日常管理，教师只对社团中的骨干学生进行重点培训，由骨干学员再向其他学生传授，充分发挥"传帮带"的作用。

4. 积极参加人力资源管理沙盘技能大赛

技能大赛是课堂教学的延伸，是学生验证自己是否掌握课堂知识的最好平台。各高校应组织人力资源管理专业学生，代表学校参加国家级、省级各类沙盘模拟演练大赛，达到提升学生综合素质，检验教学成果的目的。

5. 建立科学的人力资源管理沙盘教学效果评价机制

现行的实训教学评定标准主要是看最后的模拟企业经营成绩及排名，没有考虑学生在经营过程中的表现，这样就会导致有些学生为了取得好的经营成果，不惜违反操作规则，或者过于保守，干脆什么都不做。因此我们认为科学的沙盘模拟实训课的考核方法不仅要看最后的实训结果，而且还要强调过程控制，将学生参与活动的积极性、全过程中的团队合作情况、遵守活动规则情况，以及校内外各种社团活动的参与度、各种赛事的参与度与比赛成绩等也纳入考评范围，重点强调诚信经营、综合考评，全面评价学生的专业实践能力。

6. 加大资金的投入，着力推进信息技术与教育教学深度融合

基于网络的体验式教学模式，大都需要专业的设备设施予以配套。为此，需要学校加大资金的投入，建设高标准的实验室。同时要鼓励教师运用信息技术，逐步改变原有的教育教学过程与模式，要实现以知识传授为主的教学方式向以能力素质培养为主的教学方式的转变，如网上现有的一大批 MOOCS(大规模在线开放课程)就是其代表。各学校的教师也可根据社会发展和学生学习的需求，在全国乃至世界的范围内选择最优质的教育资源，进一步突破传统教学活动的时空限制，提升教育教学的效率与质量。

第2章

人力资源管理沙盘模拟运营规则

2.1 初始状态

1. 财务状态

公司初始总经费为 1000K。

2. 人力资源状态

公司最初管理人员包括总经理、人力资源经理、招聘甄选主管、培训开发主管、绩效考评主管、薪酬福利主管各 1 名，各管理人员均有初始价值，管理人员的个人价值通过公司的绩效考核会有增减变动。管理人员初始价值如表 2-1 所示。

表2-1　管理人员初始价值

管理人员	总经理	人力资源经理	招聘甄选主管	培训开发主管	绩效考评主管	薪酬福利主管
初始价值	9	6	3	3	3	3

系统中除管理人员外，还包括研发人员、生产人员和销售人员三类员工，每类员工设定了 A、B、C、D 四个等级，其具备的初始价值如表 2-2 所示。

表2-2 不同等级员工初始价值

员工等级	A级	B级	C级	D级
初始价值	9	5	2	0

员工的初始产能与单位产品综合成本如表 2-3 所示。

表2-3 员工的初始产能与单位产品综合成本

员工等级	产品			
	P1	P2	P3	P4
A级	10	9	6	4
B级	6	5	2	0
C级	3	2	0	0
D级	1	0	0	0
单位产品综合成本	4K	6K	22K	44K

注：员工的个人价值可通过员工的能力提升而增加，每个级别员工产能提升1，则价值相应增加1。

3. 业务状态

本系统生产的产品共有四种，产品属性如表 2-4 所示。根据产品市场需求，公司最初可生产 P1 产品和 P2 产品，之后随着市场 P3 产品、P4 产品需求的出现及增长，可选择生产 P3 产品、P4 产品。

表2-4 产品属性

产品属性	低端	中端	高端
产品	P1	P2、P3	P4

4. 概念解析

(1) 本平台可运营六个经营年度，每年分为四个周期进行。

(2) K 为唯一货币单位。

(3) 价值指员工本身拥有的技能、知识、文化程度等内在素养的总和。其中初始价值指公司招聘获得某员工时，其本身具备的价值和素养。

(4) 产能指员工可生产产品的数量。其中初始产能指公司招聘获得某员工时，其本身具备的产品生产数量。

(5) 本规则中提及的员工能力即生产人员的能力。生产人员的能力指生产人员可生产产品的数量。

2.2　运营规则

2.2.1　人力资源经费

人力资源部门要进行工作分析、人员配置、培训等一系列的人事活动，需要一定量的活动经费。

1. 人力资源经费申请

人力资源经理在每年的第一周期可根据本年度人力资源经费预算向总经理申请人力资源经费。

2. 紧急人力资源经费申请

运营期间人力资源经理可随时向总经理进行人力资源经费紧急申请，但是会产生一定的经费损失，计入其他费用。

$$紧急经费损失额=人力资源经费紧急申请额×10\%$$

3. 超额损失

年度结束后，公司要对剩余的人力资源经费进行核算，作为对人力资源经理经费预算的一个评估。若当年剩余人力资源经费超过本年度人力资源经费累计支出额的 20%，则要将一部分的费用计为超额经费损失，计入其他费用。

$$超额经费损失=(公司当年剩余人力资源经费-累计支出额×20\%)×15\%$$

4. 人力资源经费回账

若公司在运营过程中出现总经费短缺，但此时人力资源经费充裕的不正常情况，则公司可对人力资源经费做回账处理，但回账经费将损失 10% 作为惩罚，计入其他费用。

2.2.2　工作分析

工作分析是人力资源管理工作的基础，因此在进行人力资源活动时需进行工作分析，以便提高人力资源活动的效率。在本沙盘中主要包含岗位设计和岗位分析两部分。

岗位设计及岗位分析规则如表 2-5 所示。

表2-5　岗位设计及岗位分析规则

员工等级	A级	B级	C级	D级
岗位设计费(K/次)	9	7	5	0
岗位分析费(K/次)	3	2	1	0

规则说明:

(1) 每年第一周期对所需岗位进行岗位设计,每个只需设计一次且永久有效。

(2) 每次招聘前,必须对所需招聘岗位进行岗位分析(不限人数)。

(3) 若无岗位设计,则无该等级员工的招聘资格及升级到该等级员工的资格。

2.2.3　招聘甄选

在人力资源管理中,人力资源的使用和配置是企业成败的关键,而招聘到合适的人才更是关键中的关键。招聘涉及招聘渠道、招聘方式的选择。不同的招聘渠道其员工的提供有所不同。在本沙盘中涉及普通的人员招聘及通过到其他公司挖掘人才两个方面。

1. 人员招聘

人员招聘规则如表 2-6 所示。

表2-6　人员招聘规则

招聘渠道种类	每一等级人员招聘费
校园招聘	3K/次(不限人数)
人才交流中心招聘	4K/次(不限人数)
Internet 平台招聘	4K/次(不限人数)
传统媒体招聘	5K/次(不限人数)
猎头招聘	3K/次(不限人数),招聘成功后再收取每位员工一周期的基本工资

操作规则说明:

(1) 每一年分为四个周期,A 级员工在第一周期提供,B 级员工在第一周期和第三周期提供,C 级和 D 级员工每一周期均有提供。

(2) 各公司如果有招聘人员的需求,则需在参加招聘会前提交员工招聘申请明细表,填写所招聘员工的定岗情况(即生产产品类型)。A、B、C 级员工需要制定基本工资和人才引进津贴，D 级员工则只需要制定基本工资，且在员工入职后执行。

(3) 同一招聘市场各等级人员的招聘费按多次缴纳，同一招聘市场同一等级人员招聘人数不限。

(4) 人才引进津贴的最高上限为员工年基本工资(四周期)。

(5) 同一年，招聘新员工时，其基本工资必须与同级老员工基本工资相同，人才引进津贴可不同。

(6) 各公司提交招聘申请明细表后，按校园招聘、人才交流中心招聘、Internet 平台招聘、传统媒体招聘、猎头招聘的顺序选聘人才，如前一渠道已完成招聘计划，可放弃后一渠道。

获取规则说明：

(1) 各渠道中基本工资与人才引进津贴总和高者优先获取人才。

(2) 若基本工资与人才引进津贴总和相同，则比较基本工资，高者优先获取。

(3) 若基本工资相同，则比较公司上年度经营排名。

(4) 若公司上年度经营排名相同或无排名(第一年)，则比较招聘申请明细表提交时间，先提交的公司优先获得。

2. 挖人规则

从第二年开始，每年初公司之间可互相挖人(挖人属于猎头招聘方式)，挖人公司需填写挖人申请表，被挖公司每等级员工最多被挖走一人，每家公司每一年只能向一家公司挖一人。

规则说明如下：

1) 挖人前提

若有多家公司对被挖公司的同一等级员工提出挖人申请，则先比较挖人公司给出的期基本工资，每家公司给出的期基本工资必须高于该员工调整后期基本工资(被挖公司当年该员工的期基本工资)的 120%，否则挖人失败。

2) 挖人竞争

(1) 若只有一家公司提交对某个公司的挖人申请，则只需达到挖人前提即可挖人成功。

(2) 若有多家挖人公司给出的期基本工资相同，则比较它们给出的人才引进津贴以确定成功挖人公司。

(3) 若有多家挖人公司给出的人才引进津贴仍然相同，则比较它们的公司上年度排名。

(4) 若仍有多家挖人公司上年度经营排名相同或无排名(第一年)，则比较挖人申请表提交时间，先提交的公司优先获得。

3) 挖人费用

(1) 每次挖人前必须支付给猎头 3K 的费用，才能进行挖人。

(2) 若挖人成功，则挖人公司应支付该员工在被挖公司本年度两周期的基本工资作为经济补偿金给被挖公司。另外，挖人公司还需要支付该员工在挖人公司本年度一周期的基本工资作为猎头招聘费用。被挖员工应保持原公司的定岗。

2.2.4 培训开发

员工培训对企业发展的重要性已经被越来越多的企业所认识。对企业来说，最重要的资产是人，而不是机器、设备和资金。为了提升企业人员的竞争力，企业必须有计划地对人员进行相关培训，本沙盘涉及新员工培训、人员的技能培训、岗位轮换培训、企业文化培训等相关的培训。

培训规则如表 2-7 所示。

表2-7 培训规则

培训种类	费用	培训要求及培训效果
新员工培训	1K/人	上岗的先决条件，当期新招聘员工必须进行新员工培训
技能提升培训	在岗培训(2K/周期)	员工每经过连续 4 周期培训，其所定岗的产能增加 1，达到上一级员工的初始产能，则员工升级。在岗培训期间保持原有产能，且不能进行岗位轮换培训
	脱产培训(3K/周期)	D 级员工不能进行脱产培训。员工每经过连续 2 周期脱产培训，其所定岗的产能增加 1；脱产培训期间无产能；脱产培训过程中可同时进行岗位轮换培训，费用叠加
岗位轮换培训	转岗到 P1 费用为 1K/次 转岗到 P2 费用为 3K/次 转岗到 P3 费用为 5K/次 转岗到 P4 费用为 7K/次	经过岗位轮换培训的员工可以生产另一种产品，且生产原来产品的能力保持不变。转岗后的员工产能为同级员工生产该产品的初始产能。转岗当期仍保持原有产品的产能，下一周期才具有转岗后产品的产能 各等级员工生产各类产品表明其持有相应的上岗资格证书。新进员工定岗某产品即表示该员工拥有该产品的上岗资格证书
企业文化培训	每计提净利润的 2%，降低 5%的员工流失率，最高降低 10%的员工流失率	公司每年初要计提上年度净利润的 2%进行企业文化培训，以增加员工忠诚度，降低流失率
再就业培训	1K/人	辞退员工当期进行

规则说明：

(1) 新招员工当期不能进行技能提升培训。

(2) 员工经过技能提升培训后所定岗产能达到上一级员工的初始产能，则员工升级，升级后至少工作一周期，该员工方可再进行技能提升培训，员工升级后按照新等级员工的基本工资标准执行。

例如，生产 P1 的 B 级员工经过一个周期的在岗培训，支付 2K，其产能是没有变化的。经过四个周期的在岗培训后，生产 P1 的 B 级员工的产能从 6 个上升到了 7 个。此时如果公司让这一 B 级员工充分生产，每个周期生产 7 个 P1，则公司就需要支付奖金(具体奖金规则在薪酬规则中再介绍)。

(3) 员工脱产培训过程中基本工资减半。

(4) 培训限额：公司各等级员工的脱产培训人数最高为公司此等级员工人数的 50%。

2.2.5　管理人员绩效考核

管理人员绩效考核是对企业承当运营过程及结果的各级管理人员完成指定任务的工作实绩的一个评价过程。在本沙盘中分别采用了不同的指标对各个管理人员进行了绩效考核。

各管理人员考核标准如下。

1. 总经理考核

若公司当年净利润>(市场平均净利润+公司上一年净利润)÷2，则总经理价值加 1；否则，价值减 1。

2. 人力资源经理考核

若公司净利润÷人力资源成本>市场平均净利润÷市场平均人力资源成本，则人力资源经理价值加 1；否则，价值减 1。

3. 招聘甄选主管考核

若当年招聘费用÷当年新招员工<市场总招聘费用÷当年市场新招员工，则招聘甄选主管价值加 1；否则，价值减 1。

4. 培训开发主管考核

若(本年度技能提升培训支出费用+企业文化培训支出费用+岗位轮换培训支出费用)×80%+(新员工培训支出费用+再就业培训支出费用)×20%>市场上每个公司以上数据的平均

数，则培训开发主管价值加 1；否则，价值减 1。

5. 绩效考评主管考核

若本年度除绩效考评主管外管理人员的绩效增量之和＞市场平均绩效增量，则绩效考评主管价值加 1；否则，价值减 1。

6. 薪酬福利主管考核

若公司薪酬总额÷人力资源成本＞市场平均薪酬÷市场平均人力资源成本，则薪酬福利主管价值加 1；否则，价值减 1。

规则说明：

(1) 公司每年年末对管理人员进行考核，考核结果主要体现在价值变动上。

(2) 第一年即起始年不进行绩效考核，之后每年管理人员的价值为原始价值与上一年度价值加减 1。

例如，总经理原始价值为 9，第二年考核减 1 时，价值仍为 9；第三年考核减 1 时价值仍为 9；第四年考核加 1 时，其价值将上升至 10。

2.2.6 薪酬管理

本沙盘采用的薪酬结构为：薪酬=工资(基本工资+奖金+人才引进津贴)+福利。其中奖金分为两类，针对员工而言为绩效奖金，针对管理人员而言为奖金。

最低基本工资标准：公司员工最低基本工资标准为 3K/期。

1. 基本工资支付

1) 员工

具体规则如下。

(1) 各公司员工基本工资按每年年初制定标准执行，每年第一周期可调整一次，人才引进津贴在不同招聘市场针对不同招聘对象可不同且为一次性。

(2) 新招聘员工基本工资必须与同一级老员工基本工资一致，员工基本工资可与管理人员基本工资不同。

2) 管理人员

管理人员基本工资具体如表 2-8 所示。

表2-8　管理人员基本工资

类别	角色								
	总经理			人力资源经理			各类主管		
管理层级别	11	10	9	8	7	6	5	4	3
基本工资/年	56K	52K	48K	44K	40K	36K	32K	28K	24K

规则说明：

管理人员的基本工资对应等级级别，即当其价值上升时工资级别也上升，当价值下降时其工资级别也相应地下降。

2. 绩效奖金

1) 员工

员工绩效奖金如表 2-9 所示。

表2-9　员工绩效奖金

产能增量产品种类	P1	P2	P3	P4
绩效奖金/个	1K	2K	4K	7K

规则说明：

(1) 当员工经过技能提升培训产能，但未达到上一级员工的初始产能时，所产生的产能增量均需要支付绩效奖金。当员工未升级而产能增加时，绩效奖金持续支付，直到员工升级为止。

(2) 当员工经过技能培训，产能增加到上一等级的初始产能时，员工升级，升级后员工的基本工资自动上升到上一等级员工的基本工资水平，原本的绩效奖金取消。

2) 管理人员

管理人员奖金受到公司利润与定额利润影响，具体计算方法如下面公式所示。

$$管理人员奖金 = (净利润 - 定额利润) \times 20\% \times \frac{个人价值}{\sum 管理人员总价值}$$

$$定额利润\ M_j = \begin{cases} 20 & j=1 \\ \text{Max}\left[\dfrac{\sum\limits_{i=1}^{n} M_{i,j}}{n} \times (1+20\%),\ M_{j-1}(1+20\%)\right] & j \geq 2 \end{cases}$$

其中，n 为组数，$M_{i,j}$ 为 i 公司第 j 年的净利润，M_{j-1} 为本公司第 $j-1$ 年的净利润。

第一年的初始定额利润为 20K，从第二年开始，定额利润取本公司上一年度利润的 120% 与各公司上年度利润平均值的 120% 的较大值。

3. 薪酬支付

(1) A 级员工、B 级员工、C 级员工、D 级员工基本工资每周期支付。人才引进津贴招聘当期一次性支付。

(2) 管理人员基本工资分四周期支付。管理人员奖金按当年年末进行计算，于下年年初支付。

4. 福利费用规则

1) 企业福利

公司每年从超额利润(超额利润=净利润−定额利润)中计提 10% 作为企业福利。企业福利按当年年末进行计算，于下年年初支付。

2) 法定福利

公司每周期分别依据员工与管理人员的期基本工资为基数，按照国家社会保障与公积金管理规定，分别计提 32% 的员工法定福利与管理人员法定福利(分别为养老保险 14%，医疗保险 8%，工伤保险 0.2%，生育保险 0.8%，失业保险 1%，公积金 8%)，当期期末支付。

注意，因各地社保与公积金缴费比例与缴费基数规定不同，故本沙盘对缴费比例与缴费基数进行统一模拟。

2.2.7　劳动关系管理

劳动关系管理是人力资源管理中不可替代的一部分，为企业经营活动的正常开展提供了有力的保障，此外有助于缓解和调整企业劳动关系的冲突，提高企业劳动效率。

1. 员工流失

员工流失的唯一原因本沙盘设定为薪酬，这也是现在企业中员工主动流失的第一大原因。而员工流失将给公司带来巨大的经济损失，因此不管在何时，公司都应尽量保证员工的稳定。员工的稳定也会给人力资源的战略选择提供较大的可选择空间，否则经常性的人员流动将搅乱相应的战略。

规则说明：

公司每年年末(第一年除外)，各等级员工期基本工资低于市场同等级员工平均期基本工资，则自动流失同等级员工的 30%(计算范围包括全体员工)，否则不流失。若有两个以上同等级员工符合标准，则处于脱产培训或当年给付人才引进津贴者不流失；其余的员工价值高者优先流失，若员工价值相同则由公司自主选择。

2. 员工辞退

员工辞退作为一种人员调整的公司主动行为，主要出于两个方面的考虑，一是节省人力成本，二是为招聘新员工留出成本空间。辞退对公司是有利还是有弊需要具体分析。

规则说明：

(1) 公司每年每周期可对人员进行辞退。

(2) 公司主动辞退行为需要支付经济补偿金。经济补偿金数额为被辞退员工上一周期基本工资，并需要进行相应的再就业培训。

2.2.8　产品市场收购

产品的收购价格受市场的供求量影响，因此为了使产品能卖个好价格，企业必须合理规划产品的生产人员、产品的生产数量及销售数量。在本沙盘中产品的收购在第二周期和第四周期进行，也叫年中交货与年末交货。具体收购价的计算如下。

$$年中产品市场收购价 = (1 + \frac{年中市场需求量 - 年中实际交货量}{年中市场需求量}) \times 各类产品市场参考价$$

$$年末产品市场收购价 = (1 + \frac{年末市场需求量 - 年末实际交货量}{年末市场需求量}) \times 各类产品市场参考价$$

规则说明：

(1) 各公司根据年度经营计划制订销售计划，具体销售产品的类型及数量由公司自主决定。

(2) 产品的年中需求量及全年需求量由供求图给出，年末市场需求量=全年市场需求量 – 年中实际交货量。但年末市场需求量最少为 0，此时年末产品收购价以产品综合成本计算。

(3) 产品市场收购价格不得低于各类产品的综合成本，最高为各类产品市场参考价的 3 倍。

(4) 每年第二周期、第四周期进行产品销售并进行销售收入结算。

(5) 产品不可囤积到下一年度，在年末(第四期)产品销售后，必须对剩余的产品进行库存处理，即清仓。各类产品的库存处理单价为各类产品的综合生产成本价格。

2.2.9 总评分

最后对运营公司的总价值、净利润和薪酬等做出综合评分。评价计算公式如下。

$$M=价值\times(1+\frac{净利润}{薪酬})$$

规则说明：

(1) 净利润=收入-人力资源成本-综合运营费-产品综合成本

　　　　=销售收入-直接人工-管理费用-产品综合成本+营业外收入

(2) 产品综合成本指生产每一产品除人力资源成本外的其他所有成本，单个产品综合成本分别为：P1 为 4K，P2 为 6K，P3 为 22K，P4 为 44K。

(3) 价值是指管理人员价值与员工价值的总和，将价值确定为评价人力资源管理沙盘的核心指标也体现了人力资源管理的真正意义——公司利润与人力价值的提升。

(4) 评价公式中也考虑了净利润与薪酬的紧密关系，体现了单位净利润下付出的薪酬成本，以及团队进行人力资源管理的技能水平与整体管理质量。

2.2.10 其他规则

1. 综合费用

每年从公司总经费中支出 10K 作为综合费用。

2. 取整规则

本沙盘模拟中流失人数为四舍五入，其他未做详细规定的数据均向上取整。

3. 融资

在公司经营中，若出现资金断链无法继续操作时，可申请融资，待教师同意后，申请资金自动注入公司经费中。融资成功的公司，系统将对其后期的操作进行限制，具体如下。

(1) 无法招聘高级人才(A、B 级员工)。

(2) 在市场排名中，不显示评分，且排名靠后。若出现两组或两组以上公司申请融资，则市场排名显示为：第一组融资的公司排名倒数第一，第二组融资的公司排名倒数第二，以此类推。

第3章

人力资源管理沙盘模拟系统操作

3.1　系统概述

3.1.1　系统简介

人力资源管理沙盘模拟系统分为管理员、教师、学生三种角色子系统，主要从教师选定的行业入手，学生可以从中挑选出自己认为合适的市场，招聘员工，进行产品的生产与销售，最后由教师根据总评价系统得出学生的排名。本系统主要由公司设立、环境分析、市场人才及产品、人员招聘及辞退、产品生产与销售等功能模块组成。

3.1.2　设计思路

浙江精创教育科技有限公司"人力资源管理沙盘模拟系统"设计的基本思路是采用仿真模拟的方式让学生了解人力资源管理的相关知识，其核心追求是不再把教师掌握的现有知识技能传递给学生作为追求的目标，而是让学生自己动手，主动去了解公司的建立、市场及行业的情景分析，以达到对人力资源的学习与了解。该套系统有效地解决了传统教学中理论与实践相脱离的问题。

在人力资源管理教学中，让学生在总资金相同的情况下，在系统所提供的不同渠道中选择人才，对人才培养和数据进行量化经营与管理，根据总评价来判断学生最终排名情况。本系统由教师先预设各种不同的人才及市场需求，并设定各种参数，学生按照教师设定的行业，选择自己认为合适的招聘渠道、人才、产品等，以公司利润最大化为最终目标进行经营管理。

本系统采用 ASP.NET(C#)技术开发，分层结构开发模式，系统后台数据设置灵活，教师可以根据需要设置各种模拟实验参数，以改变不同环境下的模拟要求。系统提供当前典型的行业环境类型，进行人才招聘、培训、产品的选择，以及销售产品的模拟和演练，其中数据的量化、充满竞争和互动性、灵活的后台控制能力、寓教于乐的开发设计是本系统的最大特色。

3.2　管理员操作指南

3.2.1　系统登录

在浏览器的地址栏中输入 http://服务器的名称或 IP 地址，按 Enter 键即可进入"人力资源管理沙盘模拟系统 V4.1"的登录界面，如图 3-1 所示。

图3-1　"人力资源管理沙盘模拟系统V4.1"登录界面

在初次使用系统时，需要先登录管理员端进行相应的操作。

人力资源管理沙盘模拟系统管理员默认用户名为 Admin，密码为 111，在右侧的角色类型中选择"管理员端"，单击"登录"按钮。

管理员模块主要功能使用流程，如图 3-2 所示。

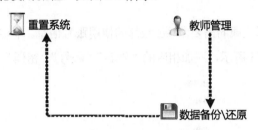

图3-2　管理员模块主要功能使用流程

3.2.2　管理员操作

登录管理员端，如图 3-3 所示。管理员端主要功能模块有"教师管理"与"数据库备份"。

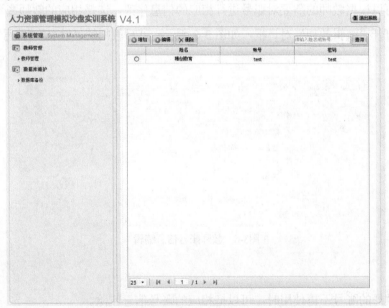

图3-3　人力资源管理模拟沙盘实训系统管理员端

1. 教师管理

教师管理模块能够显示当前系统的所有教师账号信息，包括"姓名""账号""密码"信息，如图 3-4 所示。

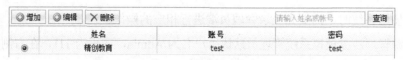

图3-4　教师账号管理

1) 增加

管理员可以根据教师上课的需要，增加教师的使用账号信息。单击"增加"按钮，打开"新增教师"对话框，如图 3-5 所示，添加相应的"姓名""账号""密码"后，单击"确定"按钮。

图3-5　新增教师

2) 编辑

管理员可以根据教师的需要对账号进行相应的信息修改，选择相应的教师账号。单击"编辑"按钮，打开"编辑教师"对话框，如图 3-6 所示，可对教师的"姓名""账号""密码"信息进行修改。

图3-6　教师账号信息编辑

3) 删除

当某些教师的账号不再使用时，可以把相应的账号信息删除。

2. 数据库维护

数据库维护模块能够显示当前数据库备份的信息，包括"备份名称""备份说明""备份日期"，如图 3-7 所示。

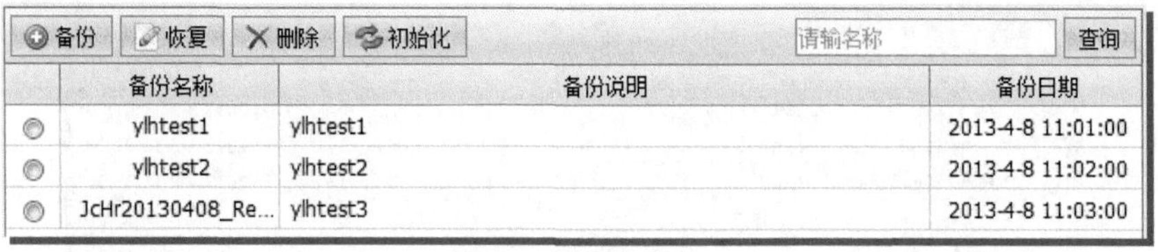

图3-7　数据库维护

1) 备份

管理员可以将当前正在运行的数据库系统进行备份。单击"备份"按钮，打开"数据库备份"对话框，如图 3-8 所示，可以输入相应的"备份名称"及"说明"。

图3-8　数据库备份

2) 恢复

管理员可以根据需要恢复相应时间点的数据备份，对相应数据库的项目进行查询。选中相应备份还原的数据库，单击"恢复"按钮，如图 3-9 所示。

图3-9　数据库恢复

3) 删除

管理员可以定期对相应的备份进行删除，以便节省服务器磁盘空间。选中相应的备份名称，单击"删除"按钮，如图 3-10 所示。

图3-10　数据库备份删除

4) 初始化

管理员可以对当前使用的数据库进行初始化,主要为了节省数据库系统的资源(初始化时当前所有教师的项目必须处于"完成"状态),单击"初始化"按钮,如图 3-11 所示。

图3-11　数据库初始化

3.3 教师操作指南

3.3.1 系统登录

人力资源管理模拟沙盘实训系统教师登录可根据管理员所添加的账号和密码,在右侧的角色类型中选择"教师端",单击"登录"按钮,如图 3-1 所示。

3.3.2 教师操作

教师端的主要功能模块有"沙盘项目管理""市场方案管理""学生账号管理",如图 3-12 所示。

用户信息
用户名：格创教育（test）
用户权限：教师
人力资源沙盘管理
沙盘项目管理
市场方案管理
学生账号管理
学生帐号管理
短信息 Message
G001 说：破产申请（2013-04-09 20:57）
G002 说：破产申请（2013-04-10 00:24）
增加
删除
完成
请输项目名称
查询
项目名称
沙盘类型
项目资金(
创建日期
公司组数
状态
详细
人力资源
人力资源沙盘
1000
2013-04-12 1...
2组
正在进行
详细
指标分析
人力资源沙盘
1000
2013-04-11 1...
2组
完成
详细
人力101
人力资源沙盘
1000
2013-04-09 1...
5组
完成
详细

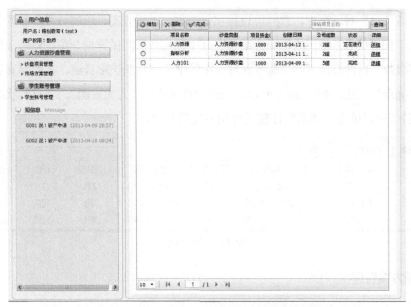

图3-12　人力资源管理模拟沙盘实训系统教师端

1. 沙盘项目管理

单击“沙盘项目管理”，如图 3-13 所示，主要功能有“增加”“删除”“完成”项目。

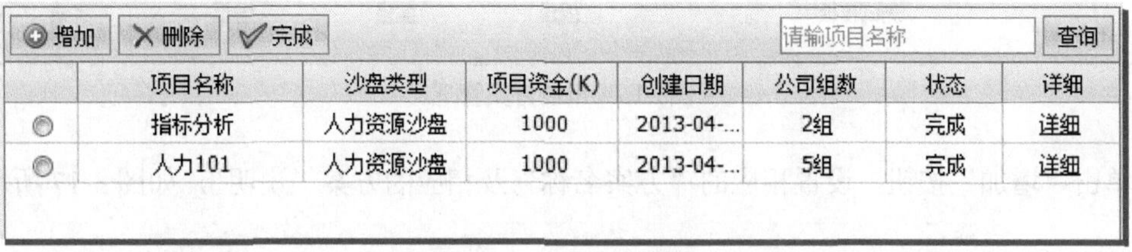

增加
删除
完成
请输项目名称
查询
项目名称
沙盘类型
项目资金(K)
创建日期
公司组数
状态
详细
指标分析
人力资源沙盘
1000
2013-04-...
2组
完成
详细
人力101
人力资源沙盘
1000
2013-04-...
5组
完成
详细

图3-13　沙盘项目管理

单击“增加”按钮，打开“新增项目”对话框，如图 3-14 所示。

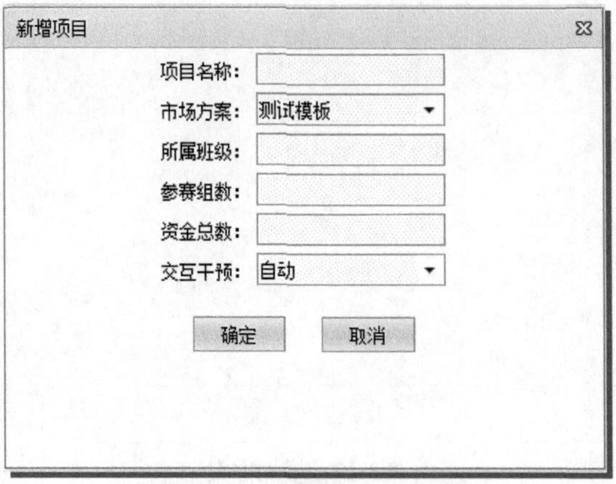

新增项目
项目名称：
市场方案：
测试模板
所属班级：
参赛组数：
资金总数：
交互干预：
自动
确定
取消

图3-14　“新增项目”对话框

在"新增项目"对话框中，教师可设置项目名称、市场方案、所属班级、参赛组数、资金总数及交互干预等信息。相应的市场方案及交互干预将在后面做详细介绍，系统根据教师所设置的"参赛组数"自动分配"学生账号管理"中的学生账号到该项目组，教师端确认这些信息后，单击"确定"按钮，如图 3-15 所示。当前项目名称为"人力资源"，项目的状态处于"正在进行"，教师可以单击"详细"按钮进行相应项目管理。

	项目名称	沙盘类型	项目资金(	创建日期	公司组数	状态	详细
◉	人力资源	人力资源沙盘	1000	2013-04-12 1…	2组	正在进行	详细
○	指标分析	人力资源沙盘	1000	2013-04-11 1…	2组	完成	详细
○	人力101	人力资源沙盘	1000	2013-04-09 1…	5组	完成	详细

⊙增加　✕删除　✔完成　　　　　　　请输项目名称　　查询

图3-15　项目状态

2. 市场方案管理

单击"市场方案管理"，可以设置相应的"市场参数""产品需求""人力供应"，如图 3-16 所示。

	方案名称	市场参数	产品需求	人力供应	状态
○	测试模板	编辑	编辑	编辑	完成

⊙增加　✔完成　　　　　　　请输模板名称　　查询

图3-16　市场方案管理

单击"增加"按钮，设置相应的"方案名称"及相应的方案"说明"，如图 3-17 所示。

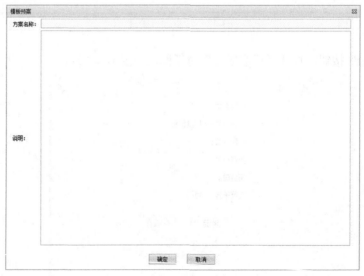

图3-17　增加方案

单击“确定”按钮后，“市场方案管理”中将显示教师所创建的方案，方案名称为“市场萧条期”的方案现在的状态为“待配置”，如图 3-18 所示。

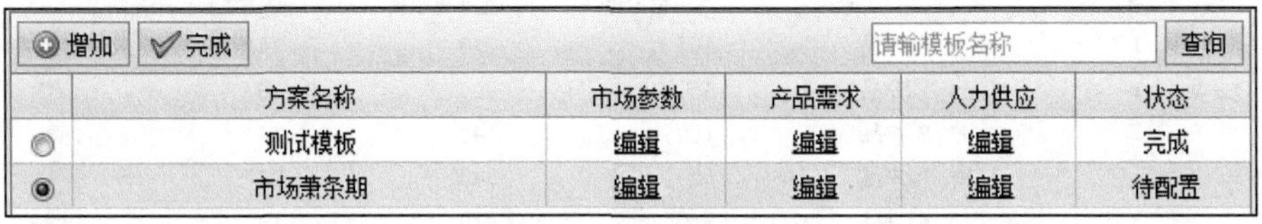

增加
完成
请输模板名称
查询
方案名称
市场参数
产品需求
人力供应
状态
测试模板
编辑
编辑
编辑
完成
市场萧条期
编辑
编辑
编辑
待配置

图3-18　市场方案管理

教师可以根据需要，单击“编辑”按钮对“市场参数”“产品需求”“人力供应”进行相应的编辑与修改，如图 3-19、图 3-20、图 3-21 所示。其中，“产品需求”与“人力供应”可以根据需要进行“增加”“删除”相应的记录，还可以根据“年度”显示相应年份的记录。“增加”“删除”操作完成之后单击“保存”按钮进行确认修改。

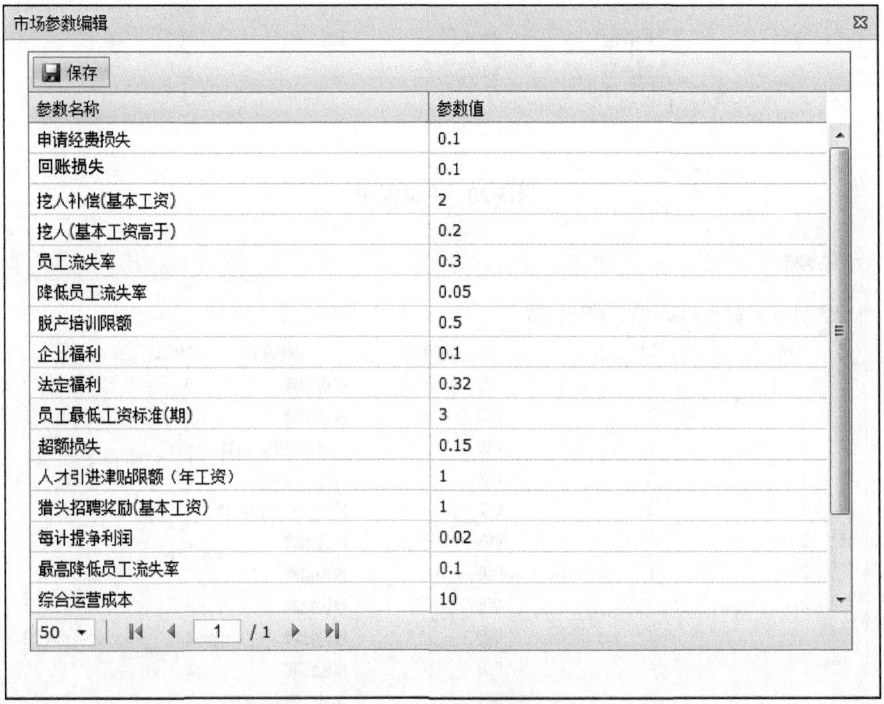

市场参数编辑
保存
参数名称
参数值
申请经费损失
0.1
回账损失
0.1
挖人补偿(基本工资)
2
挖人(基本工资高于)
0.2
员工流失率
0.3
降低员工流失率
0.05
脱产培训限额
0.5
企业福利
0.1
法定福利
0.32
员工最低工资标准(期)
3
超额损失
0.15
人才引进津贴限额（年工资）
1
猎头招聘奖励(基本工资)
1
每计提净利润
0.02
最高降低员工流失率
0.1
综合运营成本
10
50
1
/ 1

图3-19　市场参数编辑

图3-20　产品需求

图3-21　人力供应编辑

待"市场参数""产品需求""人力供应"设置完成后，单击"完成"按钮即可使用相应的方案名称来创建项目。

3. 学生账号管理

单击"学生账号管理"，主要功能有"增加""编辑""删除"学生账号，如图 3-22 所示。

姓名	帐号	密码
stu1	stu1	111
stu2	stu2	111
stu3	stu3	111
stu4	stu4	111
stu5	stu5	111
stu6	stu6	111
stu7	stu7	111
stu8	stu8	111
stu9	stu9	111
stu10	stu10	111

图3-22　学生账号管理界面

1) 增加

单击"增加"按钮，如图 3-23 所示。

图3-23　新增学生界面

学生账号添加规则如下。

- 姓名：由中文字符、英文字母、数字组成。
- 账号：由英文字母和数字组成。
- 密码：由英文字母和数字组成。

2) 编辑

在学生信息展示区选择要编辑的学生账号，不可以同时选择多个学生账号，如图 3-24 所示。

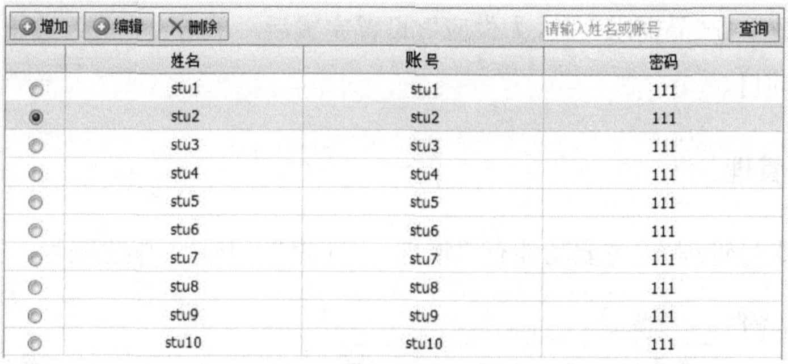

	姓名	账号	密码
◎	stu1	stu1	111
◉	stu2	stu2	111
◎	stu3	stu3	111
◎	stu4	stu4	111
◎	stu5	stu5	111
◎	stu6	stu6	111
◎	stu7	stu7	111
◎	stu8	stu8	111
◎	stu9	stu9	111
◎	stu10	stu10	111

图3-24　学生账号编辑选择界面

单击"编辑"按钮，如图 3-25 所示。

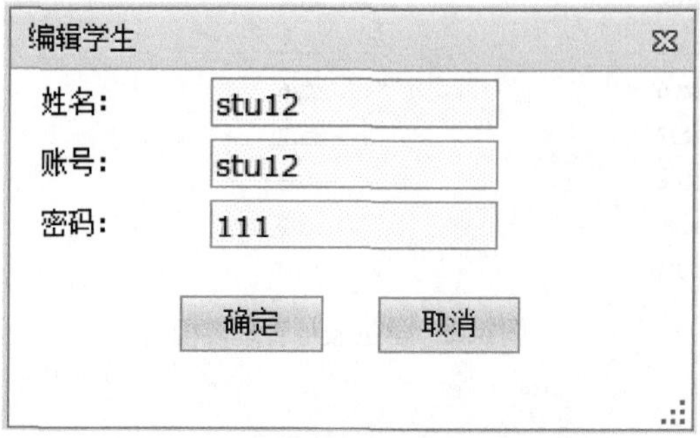

图3-25　编辑学生信息

3）删除

如有需要删除学生账号，则在学生信息展示区中选择相应的账号，单击"删除"按钮，系统将会提示相应的需要教师再次确认的信息，以免发生误删，如图 3-26 所示。

图3-26　学生账号删除提示界面

如果确认需要删除该学生账号，则单击"确定"按钮，该学生账号即被删除；如果单击"取消"按钮，将会取消此次的删除操作。

4）查询

当学生账号多到一定程度时会为教师账号管理带来一定的麻烦，这时教师就要根据需要快速定位学生账号，以最快的速度展示学生的账号信息，以便对其进行编辑与删除。在输入框中输入所要查询的学生的账号或姓名，例如，查询姓名为 stu9 的学生信息，输入 stu9，单击"查询"按钮，如图 3-27 所示，将显示所有以 stu9 开头的姓名和账号。

	姓名	账号	密码
○	stu9	stu9	111
○	stu90	stu90	111
○	stu91	stu91	111
○	stu92	stu92	111
○	stu93	stu93	111
○	stu94	stu94	111
○	stu95	stu95	111
○	stu96	stu96	111
○	stu97	stu97	111
○	stu98	stu98	111

图 3-27　学生信息查询界面

4. 短信息

在系统的短信息中教师可以看到所有项目的学生的各项申请操作，如破产申请、融资申请，如图 3-28 所示。

图3-28　短信息

3.3.3　项目查看

1. 项目管理内容

教师创建项目完成后，可以对当前教师账号的所有项目进行管理，如图 3-29 所示。

	项目名称	沙盘类型	项目资金(	创建日期	公司组数	状态	详细
○	人力资源	人力资源沙盘	1000	2013-04-12 1...	2组	正在进行	详细
○	指标分析	人力资源沙盘	1000	2013-04-11 1...	2组	完成	详细
○	人力101	人力资源沙盘	1000	2013-04-09 1...	5组	完成	详细

图3-29　项目管理

教师可以对"正在进行"的项目进行相应的市场竞争点的"交互干预"，以及对已"完成"的项目，单击"详细"按钮进行历史数据查询，如图 3-30 所示。

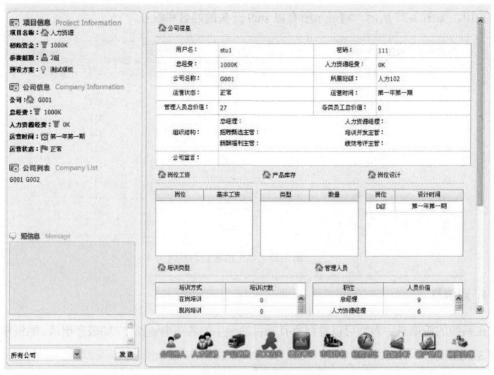

图3-30   项目详情

图 3-30 左侧栏包括项目信息、公司信息、公司列表、短信息等内容。

1) 项目信息

如图 3-31 所示，项目信息包括教师创建项目时所设置的项目名称、初始资金、参赛组数、预设方案。

图3-31   项目信息

2) 公司信息

如图 3-32 所示，公司信息包括当前在"公司列表"中所选择的公司的一些基本信息，包括公司名称、总经费、人力资源经费、运营时间、运营状态。

图3-32   公司信息

3) 公司列表

如图 3-33 所示，在"公司列表"中显示当前正在运营的所有公司名称，在列表中选择相应的名称，可以在"公司信息"中展示相应公司的基本运营信息。

图3-33　公司列表

4) 短信息

教师可以使用短信息功能与各组学生进行交流，也可以向所有公司发送信息。如果在运营过程中有学生进行破产、融资申请，则系统还会自动在"短信息"中提醒教师，如图 3-34 所示。

图3-34　短信息

2. 公司列表内容

在"公司列表"中选择相应的公司编号，图 3-30 的右侧将显示被选公司较详细的信息，主要包括公司信息、岗位工资、产品库存、岗位设计、培训类型、管理人员、各类员工信息。

1) 公司信息

在"公司信息"中详细地展示了公司资金状况、运营状态、人员价值、人员组织结构，如图 3-35 所示。

公司信息			
用户名：	stu1	密码：	111
总经费：	1000K	人力资源经费：	0K
公司名称：	G001	所属班级：	人力102
运营状态：	正常	运营时间：	第一年第一期
管理人员总价值：	27	各类员工总价值：	0
组织结构：	总经理： 招聘甄选主管： 薪酬福利主管：	人力资源经理： 培训开发主管： 绩效考评主管：	
公司宣言：			

图3-35　公司信息

2) 岗位工资

在"岗位工资"中会根据运营公司当年年初所设定的各 A 级、B 级、C 级、D 级员工的期基本工资，进行实时更新，如图 3-36 所示。

图3-36　岗位工资

3) 产品库存

在"产品库存"中会根据运营公司当前的销售情况，实时更新公司的产品库存信息，如图 3-37 所示。

图3-37　产品库存

4) 岗位设计

在"岗位设计"中会根据运营公司当前的岗位设计情况来显示岗位名称及设计的时间，D级人员默认已经设计完成，如图 3-38 所示。

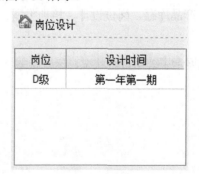

图3-38　岗位设计

5) 培训类型

在"培训类型"中会根据运营公司当年的员工培训情况来进行展示相应的培训方式所使用的次数，如图 3-39 所示。

图3-39　培训类型

6) 管理人员

在"管理人员"中会根据运营公司当年的运营情况，实时更新管理人员的价值，如图 3-40 所示。

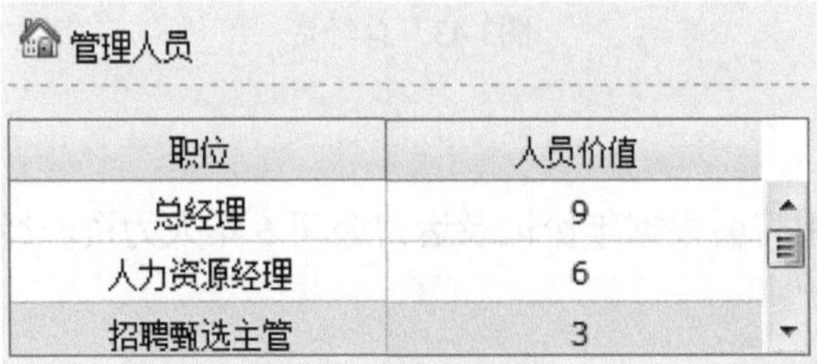

职位	人员价值
总经理	9
人力资源经理	6
招聘甄选主管	3

图3-40　管理人员

7) 各类员工

在"各类员工"中会根据运营公司当年的运营情况，实时更新各类员工的价值、定岗、产能，以及在岗培训和脱产培训的次数，如图 3-41 所示。

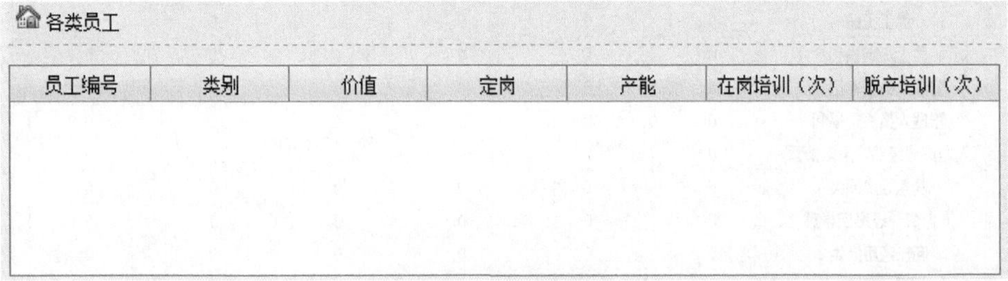

员工编号	类别	价值	定岗	产能	在岗培训（次）	脱产培训（次）

图3-41　各类员工

8) 操作按钮

"操作按钮"包括总经费、人力资源经费、利润表、总评分、销售记录、员工基本工资、管理人员价值、员工价值，如图 3-42 所示。

图3-42　操作按钮

(1) 总经费。

在"总经费"中将会根据年份记录运营公司 6 年的总经费使用情况，如图 3-43 所示。

年份	人力资源经费申请	人力资源经费紧急申请	员工被挖补偿金	产品综合成本	销售收入	综合运营费用	总经费余额

图3-43 总经费

(2) 人力资源经费。

在"人力资源经费"中将会根据年份记录运营公司 6 年人力资源经费各项费用的使用情况，如图 3-44 所示。

经费类型	第一年	第二年	第三年	第四年	第五年	第六年
工作分析费用	0	0	0	0	0	0
挖人补偿金	0	0	0	0	0	0
经济补偿金	0	0	0	0	0	0
招聘费用	0	0	0	0	0	0
培训费用	0	0	0	0	0	0
员工工资	0	0	0	0	0	0
员工法定福利	0	0	0	0	0	0
管理人员基本工资	0	0	0	0	0	0
管理人员法定福利	0	0	0	0	0	0
人力资源经费紧急申请额	0	0	0	0	0	0
紧急经费损失	0	0	0	0	0	0
人力资源经费回帐额	0	0	0	0	0	0
回帐经费损失	0	0	0	0	0	0
超额经费损失	0	0	0	0	0	0
人力资源剩余经费	0	0	0	0	0	0

图3-44 人力资源经费

(3) 利润表。

在"利润表"中将会根据年份记录运营公司 6 年的利润收益情况及相关年份的收入、支出情况，如图 3-45 所示。

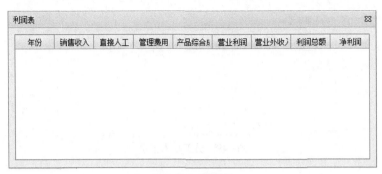

图3-45　利润表

(4) 总评分。

在"总评分"中将会根据年份记录运营公司 6 年的运营评分和排名情况，以及与评分排名相关的各项数据，如图 3-46 所示。

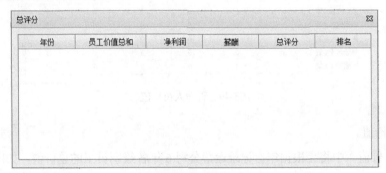

图3-46　总评分

(5) 销售记录

在"销售记录"中将会根据年份记录运营公司 6 年的产品销售情况，如图 3-47 所示。

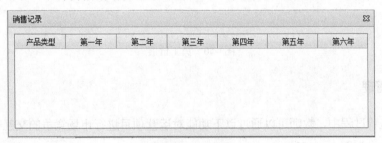

图3-47　销售记录

(6) 员工基本工资。

在"员工基本工资"中将会根据年份记录运营公司 6 年各级别员工基本工资的设置情况，如图 3-48 所示。

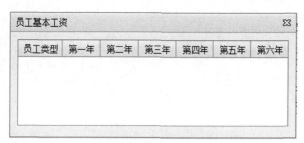

图3-48　员工基本工资

(7) 管理人员价值。

在"管理人员价值"中将会根据年份记录运营公司 6 年各管理人员的价值，如图 3-49 所示。

管理员角色	第一年	第二年	第三年	第四年	第五年	第六年
总经理	9	0	0	0	0	0
人力资源经理	6	0	0	0	0	0
招聘甄选主管	3	0	0	0	0	0
培训开发主管	3	0	0	0	0	0
绩效考评主管	3	0	0	0	0	0
薪酬福利主管	3	0	0	0	0	0

图3-49　管理人员价值

(8) 员工价值。

在"员工价值"中将会根据年份记录运营公司 6 年各级别员工的总价值，如图 3-50 所示。

图3-50　员工价值

3. 项目管理

在项目运营过程中，教师可以通过以下功能对运营项目进行市场竞争的交互干预、数据分析查询等操作，如图 3-51 所示。

图3-51　功能按钮

这些功能可以分为交互干预查询、历年数据查询、经营分析、其他。

- 交互干预查询：包括公司挖人、人才招聘、产品销售。
- 历年数据查询：包括员工流失、绩效考评、市场排名。
- 经营分析：包括经营对比、数据分析。
- 其他：包括破产处理、融资处理。

1）公司挖人

根据规则，各运营公司可以从第二年开始后的每年的第一期对其他公司进行挖人的操作，单击"公司挖人"，如图 3-52 所示，能看到当前所有公司的挖人申请状态及提交挖人申请后的申请单。

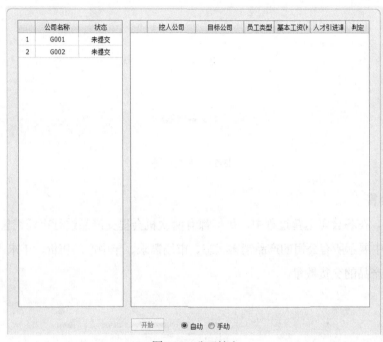

图3-52　公司挖人

如图 3-52 所示，有"自动"与"手动"之分，此处教师可以进行交互干预，在创建项目时，"交互干预"默认为"自动"，教师可以根据情况修改为"手动"。

(1) 自动：如果选择自动，系统判断所有学生提交挖人信息后，将自动公布结果，此时"开始"按钮不可用。

(2) 手动：如果选择手动，系统判断所有学生提交挖人信息后，不会自动公布结果，各学生端处展示的信息也会一直处于等待的状态，此时"开始"按钮可用，教师单击"开始"按钮后，各学生端才可以看到挖人的结果展示，并可以继续向下操作。

2）人才招聘

根据规则，每年每期都可以进行相应的人才招聘，单击"人才招聘"，如图 3-53 所示。将会展示相应可以招聘渠道的人员数量、各公司的招聘状态及各公司的招聘提交单。

交互干预功能与挖人相似，此处不做详细解释。

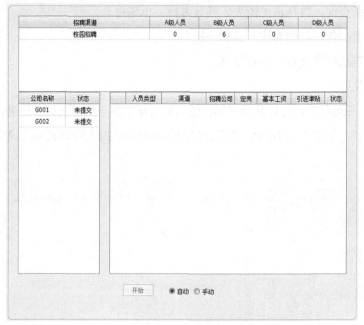

图3-53 人员招聘

3) 产品销售

根据规则，在各公司运营过程中，每年都有两次机会提交产品进行市场销售，如图 3-54 所示。在界面中展示所有公司的产品销售状态、市场需求、年中产品售价、年末产品售价及当前各公司各类产品的交货数量。

图3-54 产品销售

4) 员工流失

根据规则，各公司在每年(除第一年)运营结束后，可能会有员工流失，教师可以根据需要进行各公司的人员流失查询，如图 3-55 所示。

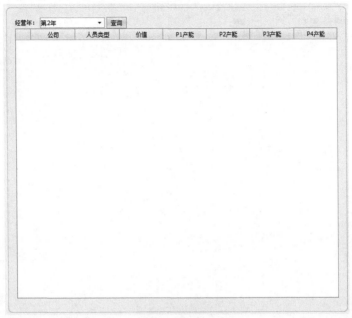

图3-55　人员流失

5) 绩效考评

根据规则，各公司在年末要对所有管理人员进行绩效考评，教师可以根据情况进行查询，如图 3-56 所示。

图3-56　绩效考评

6) 市场排名

根据规则，在每年运营结束后，会对市场上所有公司进行相应的排名，教师可以根据情况进行查询，如图 3-57 所示。

图3-57 市场排名

7) 经营对比

在"经营对比"中教师可以根据需要，对所有公司按年度、按数据类型进行相应的对比，如图 3-58、图 3-59 所示。

项目	年份	操作	
总经费使用	第1年	查看	导出EXCEL
人力资源经费使用	第1年	查看	导出EXCEL
员工级别工资	第1年	查看	导出EXCEL
利润	第1年	查看	导出EXCEL
总评分	第1年	查看	导出EXCEL
销售记录	第1年	查看	导出EXCEL
管理人员价值	第1年	查看	导出EXCEL
员工价值	第1年	查看	导出EXCEL

图3-58 按年度经营对比

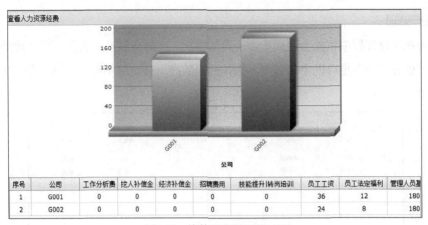

序号	公司	工作分析费	挖人补偿金	经济补偿金	招聘费用	技能提升|转岗培训	员工工资	员工法定福利	管理人员基
1	G001	0	0	0	0	0	36	12	180
2	G002	0	0	0	0	0	24	8	180

图3-59　按数据类型经营对比

8) 数据分析

在"数据分析"中教师可以根据需要,对各公司的盈利能力指标与动作能力指标进行相应的对比,在对比的过程中系统会自动生产图表,如图 3-60 所示。

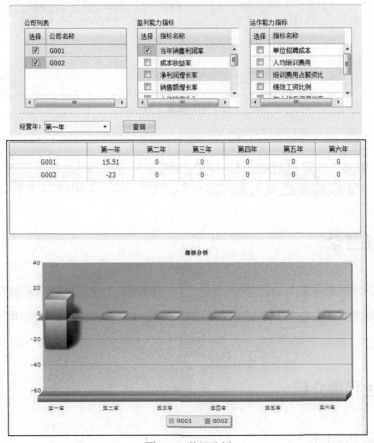

图3-60　数据分析

9) 破产处理

各公司在运营过程中可能会遇到资金不足的情况，此时会破产，教师可以在此处对相应公司进行破产处理，学生也可以申请破产，操作后"破产"公司将不参与市场竞争、市场排名，如图 3-61 所示。

	公司	申请破产	破产时间		运营状态	操作
			年	期		
1	G001	未申请	0	0	正常	破产
2	G002	未申请	0	0	正常	破产

图3-61　破产处理

10) 融资处理

融资的主要功能是在教师教学的过程中，可以对某家公司进行融资或减资，如图 3-62 所示。

	公司	融资	减资	审批状态	操作
1	G002	300	0	申请中	批准 否决

图3-62　融资处理

3.4　学生操作指南

3.4.1　系统登录

在浏览器的地址栏中输入 http://服务器的名称或 IP 地址/Login，按 Enter 键即可进入"人力资源管理模拟沙盘实训系统 V4.1"的登录界面，如图 3-1 所示。学生根据教师所分配的账号进行登录。

3.4.2　学生界面介绍

1. 学生端左侧信息栏

左侧信息栏中包括公司信息、财务信息、培训信息、员工信息、库存信息，如图 3-63 所示。

- 公司信息：主要包括学生公司名称、当前运营时间、当前运营状态。
- 财务信息：主要包括当前公司经费与人力资源经费，两项经费会根据运营的变化而变化。
- 培训信息：主要包括公司当前的各项培训的在培训人员的数量。
- 员工信息：主要包括各类员工的员工数量及价值。
- 库存信息：主要包括各类产品的库存信息。

图3-63　学生端左侧信息栏展示界面

2. 人力资源的运营流程

人力资源的运营流程，如图 3-64 所示，将在"3.4.3 学生端运营流程"中做详细介绍。

图3-64　运营流程

3. 应急

应急指为学生应对公司突然情况时需要采取的操作区，如图 3-65 所示，将在"3.4.3 学生端运营流程"中做详细介绍。

图3-65 应急界面

4. 各类员工展示区

在该展示区根据员工的产品定岗进行分类，并且可以进行"人员辞退""技能培训""岗位轮换""产品生产"等操作，如图3-66所示，将在"3.4.3 学生端运营流程"中做详细介绍。

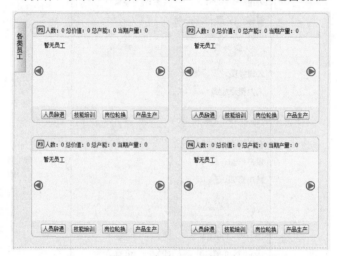

图3-66 各类员工展示区

5. 管理人员展示区

该展示区展示所有管理人员的价值及相关数据，将鼠标移动到某个管理人员的图标上可以详细查询，如图3-67所示，将在"3.4.3 学生端运营流程"中做详细介绍。

图3-67 管理人员展示区

6. 记录

该功能主要是记录运营过程中所产生的数据，以便能够进行查询，如图 3-68 所示，将在"3.4.3 学生端运营流程"中做详细介绍。

图3-68　记录

7. 其他

人力资源系统还提供了公司信息注册、台面校对、市场需求查询、人才信息查询及规则说明，如图 3-69 所示，将在"3.4.3 学生端运营流程"中做详细介绍。

图3-69　其他

3.4.3　学生端运营流程

学生端运营流程，如图 3-70 所示。

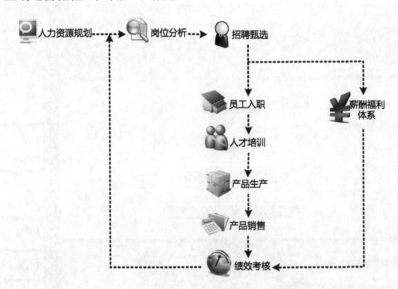

图3-70　学生端运营流程

1. 信息确认

学生登录系统后首先要对自己公司的信息进行相应的注册，以及要知道在哪可以查询到自己所需要的一些实物沙盘台面的信息、市场的信息及规则的说明。

1）公司信息注册

学生在登录系统后，首先注册自己公司的信息，主要包括账号密码的修改、各管理岗位的人员定岗及公司宣言，如图 3-71 所示。

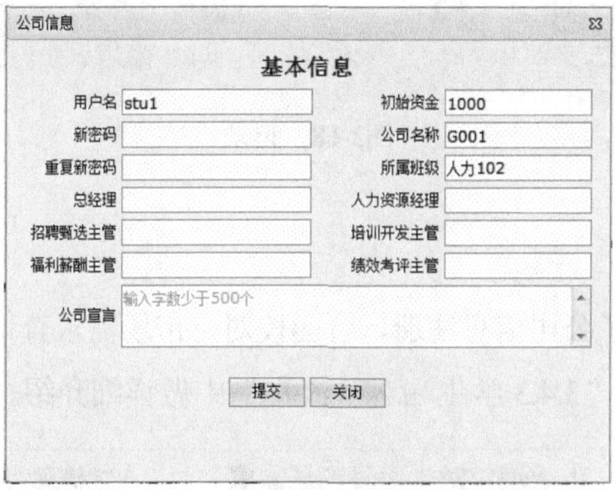

图3-71　公司信息

2）台面校对

在系统操作时，有时因教学需要，可能会与实物沙盘一起使用，所以在此也提供了相应的台面数据校对，如图 3-72 所示。

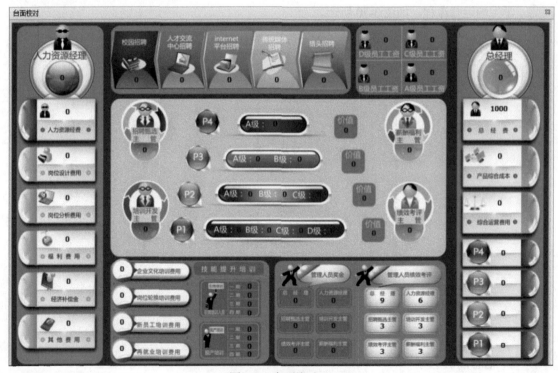

图3-72　台面校对

3）市场需求

在公司做营销战略决策时，决策者需要清楚地了解相应的市场需求信息，系统中提供了 6 年运营年的市场产品需求信息，各公司可以根据需要进行相应的查询，如图 3-73 所示。

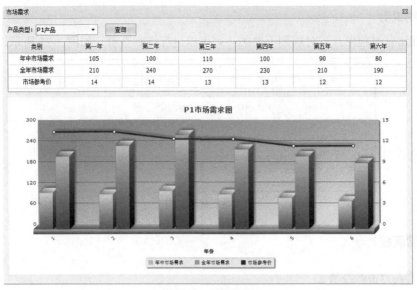

图3-73　市场需求

4) 人才信息

在公司做人才战略决策时，决策者需要清楚地了解相应的人才供应信息，系统中提供了 6 年运营年的人才供应信息，可以按年按期进行查询，各公司可以根据需求进行查询，如图 3-74 所示。

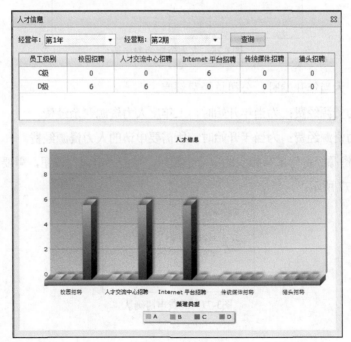

图3-74　人才信息

5) 规则说明

各组在运营过程中，若对规则不熟悉，则可以进行规则查看，如图3-75所示。

图3-75　规则说明

2. 运营流程

1) 申请人力资源经费

每年年初企业需要申请人力资源运营经费，单击"申请人力资源经费"，如图3-76所示。

图3-76　人力资源经费申请

● 总经费：为当年开始时，公司总经费额度。

● 剩余人力资源经费：为当年开始时，上年度人力资源剩余经费。

● 申请人力资源经费：为当年开始时，所需要申请的人力资源经费。

"申请人力资源经费"填写相应的申请金额后，单击"申请"按钮，需要再次确认所申请的金额，如图3-77所示。

图3-77　经费申请确认

2) 当期开始

单击"当期开始"后，正式进入了第一年第一期的人力资源管理的运营，在第一年后的每年第一期"当期开始"时，系统会根据规则自动判断公司是否需要支付相应的企业福利与管理人员奖金，如果需要支付则系统会提示支出相应的费用，如图 3-78 所示。

图3-78　支付企业福利与管理人员奖金

3) 企业文化培训

在第一年第一期不需要进行企业文化培训，根据规则，上一年结束时，如果企业利润大于0，则在来年可以选择进行相应的企业文化培训来降低员工的流失率，企业文化培训的费用是上年度净利润的 2%或 4%，可降低员工流失率 5%或 10%，如图 3-79 所示。

图3-79　企业文化培训

4) 岗位设计

在每年的第一期时，企业可以根据人才招聘的需要，对所要招聘的岗位进行设计，岗位只要设计一次就长久有效，每年不反复设计，D 级员工的岗位系统默认为已设计，公司根据需要决定是否设计 A、B、C 级员工的岗位，单击"岗位设计"，如图 3-80 所示。

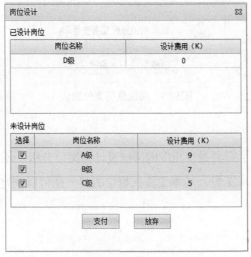

图3-80　岗位设计

选择相应的岗位后，单击"支付"按钮，为了避免多选或漏选，需要再次确认，如图 3-81 所示。

图3-81　岗位设计支付确认

5) 岗位分析

公司在每年招聘前，仅可以招聘已经设计过的岗位，在每期招聘前还必须对所需要招聘的岗位进行相应的岗位分析，单击"岗位分析"，如图 3-82 所示。

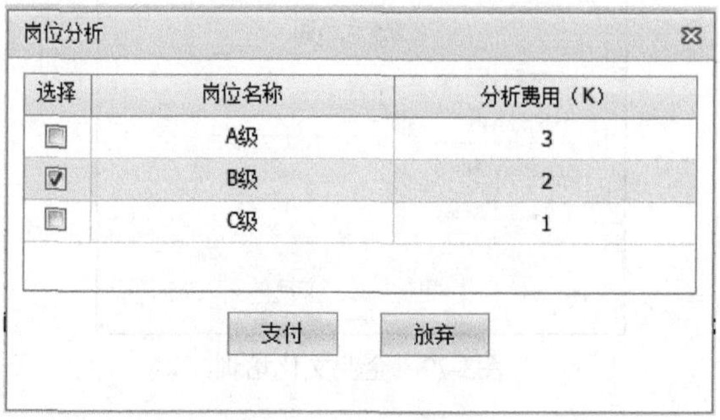

选择	岗位名称	分析费用（K）
☐	A级	3
☑	B级	2
☐	C级	1

图3-82　岗位分析

选择所需要分析的岗位，单击"支付"按钮，为了避免多选或漏选，需要再次确认，如图 3-83 所示。

图3-83　岗位分析支付确认

6) 制定基本工资

公司在每年招聘时除了需要进行相应的岗位设计与岗位分析，还需要设定 A 级、B 级、C级、D 级各类人员的期基本工资，基本工资在每年的第一期可以制定，如图 3-84 所示。

图3-84　制定期基本工资

7) 挖人

根据规则，每家公司从第二年第一期开始，可以对其他公司进行挖人，挖人属于猎头招聘，需要支付与猎头招聘一样的成本，在填写"挖人申请单"时，系统会自动判断"目标公司"有哪些"员工类型"，如图 3-85 所示。

图3-85　挖人申请

8) 人才招聘

公司每期可以在相应渠道进行人才招聘，如图 3-86 所示，在第一年的第一期，校园招聘渠道提供了 6 个 B 级人员可供招聘。

选择所需要招聘的人员，单击">"按钮添加到公司招聘意向招聘区中，如图 3-87 所示。

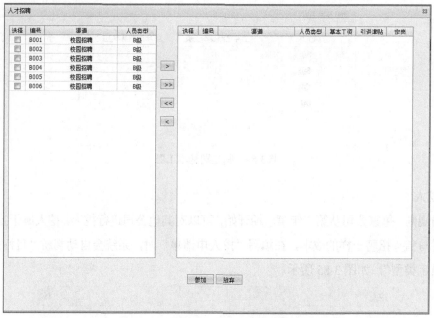

图3-86 人才招聘

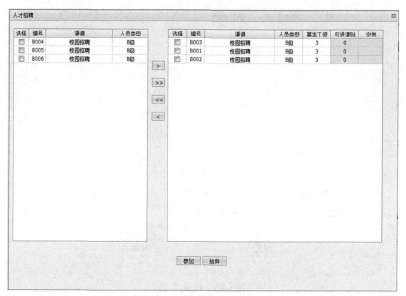

图3-87 添加招聘人员

添加完成后，如果招聘成功，则需要设置相应人员需要支付的"引进津贴"及"定岗"，如图 3-88 所示。

选择	编号	渠道	人员类型	基本工资	引进津贴	定岗
☐	B003	校园招聘	B级	3	1	P1
☐	B001	校园招聘	B级	3	1	P1
☐	B002	校园招聘	B级	3	1	P2

图3-88 设置引进津贴与定岗

设置完成"引进津贴"和"定岗"后，单击"参加"按钮即可，等待所有公司招聘信息填写完成并参加后，系统判断招聘排名，此时公司可以选择自己所需要招聘的人员类型，共有 90 秒的时间进行选择，如图 3-89 所示。

图3-89　招聘选择

选择需要招聘的人员后，在"招聘结果展示"中就会展示现在正在被招聘的人员的入职公司，如图 3-90 所示。

图3-90　招聘结果展示

在人员信息中，如果公司的招聘排名不是"1"，则需要等待其他公司放弃才可以对该人员进行招聘，放弃视为招聘失败，以此类推。当有多条渠道同时招聘时，需要等待招聘完成，单击"完成"按钮，支付相应招聘渠道的费用，如图 3-91 所示。

招聘类型	费用
校园招聘	3
人才交流中心招聘	0
Internet 平台招聘	0
传统媒体招聘	0
猎头招聘	0

招聘费用支出

确定

图3-91　支付渠道费用

此时在"各类人员"展示区中，将看到我们招聘成功的相应人员已经根据定岗进入相应的产品生产岗位中，如图 3-92 所示。

将鼠标移动到 E003 上，可以观察该人员的详细信息，如图 3-93 所示。

图3-92 招聘成功

图3-93 E003人员的详细信息

9) 入职培训

在招聘完成后，需要对招聘成功的员工进行入职培训，其中挖过来的员工也需要进行入职培训，如图3-94所示。

图3-94 入职培训

单击"培训"按钮，支付相应的培训费，如图3-95所示。

图3-95 支付培训费

公司在每期新员工入职培训后，可以对相应生产线上的人员进行"人员辞退""技能培训""岗位轮换""产品生产"操作。

10) 人员辞退

公司每期可以辞退富余人员，从而减轻公司的人力成本，在相应产品生产线上单击"人员辞退"按钮，如图 3-96 所示。在人员辞退的同时需要支付相应的"经济补偿金"，还必须对其进行"再就业培训"。

图3-96　人员辞退

11) 技能培训

公司在每期可以对人员进行相应的技能培训，从而提升员工的价值和所对应生产产品的产能，技能培训的方式有两种，即在岗培训与脱产培训，如图 3-97 所示。

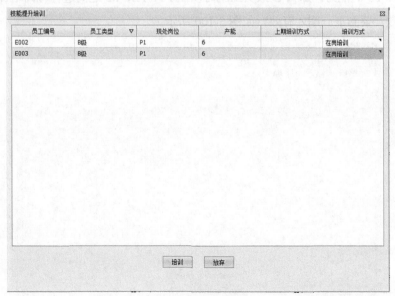

图3-97　技能培训

选择相应的"培训方式"后，单击"培训"按钮，支付相应的培训费用，如图3-98所示。

图3-98　支付培训费用

此时，培训员工的人员信息中的"培训状态"也会随之改变，其中"培训次数"是统计当前的培训方式连续培训的次数，每当转换培训方式或培训升级时，"培训次数"就会重新统计，如图3-99所示。

员工价值：5
当前产能：6
当期产量：0
培训状态：在岗培训
培训次数：1
入职时间：第一年第一期
P1产能：6
P2产能：5
P3产能：2

图3-99　E003人员的培训信息

12）岗位轮换

公司可以根据生产的需要对有相应产品生产能力的人员进行"岗位轮换"，如B级员工有生产P1、P2、P3的能力，那么B级员工就可以在P1、P2、P3之间进行转岗培训，转岗培训不能当期生效，要到下一期才有效，如图3-100所示。

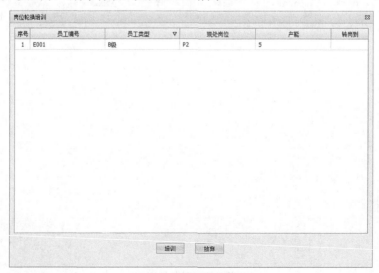

图3-100　岗位轮换培训

13) 产品生产

公司每周期可以根据相应生产线上员工的产能来进行产品的生产，员工产品的生产数量不能超过该员工的产能，当期员工生产数量决定以后，不能再进行修改，产品生产完成，不能再对此条生产线的员工进行"人员辞退""技能培训"与"岗位轮换"操作，如图 3-101 所示。

图3-101　产品生产

确定好相应员工的"生产数量"后，单击"生产"按钮，支付相应的产品综合生产成本，如图 3-102 所示。

图3-102　支付生产成本

在"产品生产"支付生产成本后，就可以在"库存信息"中看到相应产品的库存数量，在产品销售后，相应的产品数量就会交入市场，从库存中消失，如图 3-103 所示。

图3-103　库存信息

在信息的产品生产线上也可以看到当期相应产品的产量，在生产线中还可以看到相应生产线所分配的人员数量、人员价值、总产能，如图 3-104 所示。

P1 人数：2 总价值：10 总产能：12 当期产量：12

图3-104　生产线信息

14) 产品交货

每年的第二期、第四期可以进行产品交货，单击"产品交货"按钮，公司可以根据情况提交产品交货的数量，如图 3-105 所示。

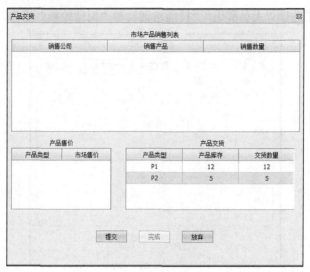

图3-105　产品交货

确定"交货数量"后，单击"提交"或"放弃"按钮，就可以看到"市场产品销售列表"中其他公司的交货信息，如图 3-106 所示。

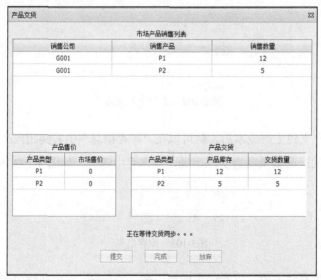

图3-106　其他公司的交货信息

等待所有公司交货完成后，会在"产品售价"区展示相应产品的"市场售价"，如图 3-107 所示。

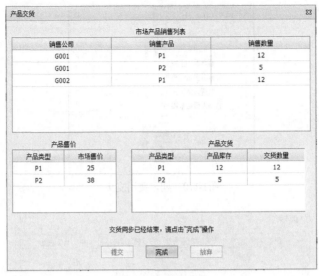

图3-107　市场售价

单击"完成"按钮，就可以获得相应"交货数量"的销售收入，销售收入进入公司总经费中，如图 3-108 所示。

图3-108　销售收入

15) 当期结束

操作完成一期的工作后，单击"当期结束"按钮，系统弹出提示信息，如图 3-109 所示，需要公司确认是否要结束当期，如果暂时不想结束当期，则单击"取消"按钮。

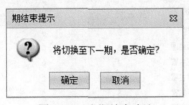

图3-109　当期结束确认

单击"确定"按钮后，支付相应的"普通员工工资""普通员工法定福利""管理人员工资""管理人员法定福利"，如图 3-110 所示。在第四期结束时，系统自动计算"清仓处理收入"及"超额损失"。

16) 人员流失

根据规则，公司在每年年末会有相应的人员流失(第一年年末不流失)，如图 3-111 所示。

图3-110　期末费用支出

图3-111　人员流失

17) 绩效考评

公司在每年年末会对所有的管理人员进行相应的绩效考评，如图 3-112 所示。

	职位	年初管理人员价值	绩效价值	年末管理人员价值
1	总经理	9	0	9
2	人力资源经理	6	0	6
3	招聘甄选主管	3	0	3
4	培训开发主管	3	0	3
5	绩效考评主管	3	0	3
6	薪酬福利主管	3	0	3

图3-112　绩效考评

18) 市场排名

公司每年运营结束之后，系统会将市场上所有的公司进行相应的市场排名，如图 3-113 所示。

图3-113　市场排名

3. 应急操作

1) 紧急经费申请

公司在运营过程中，可能会有人力资源经费不足的情况，此时就需要进行"紧急人力资源经费申请"，如图 3-114 所示。在"紧急人力资源经费申请"的过程中会产生相应的"经费损失"，如图 3-115 所示。

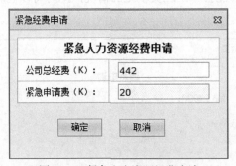

图3-114　紧急人力资源经费申请

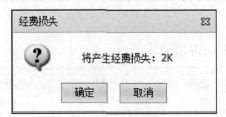

图3-115　经费损失

2) 经费回账

公司在运营过程中，可能会有经费不足的情况，此时就需要进行"人力资源经费回账"，如图 3-116 所示。在"经费回账"过程中会产生相应的"经费损失"，如图 3-117 所示。

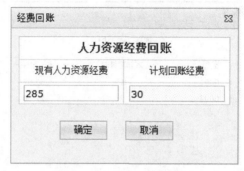

图3-116　人力资源经费回账

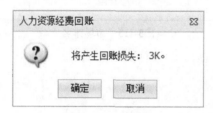

图3-117　回账损失

3) 申请融资

公司在运营过程中，可能会产生经费不足的情况，此时可以向教师申请融资，如图 3-118 所示。

图3-118　申请融资

教师端融资处理，如图 3-119 所示。

	公司	融资	减资	审批状态	操作
1	G002	300	0	申请中	批准 否决

图3-119　教师端融资处理

4) 申请破产

公司在运营过程中，可能会产生资金不足的情况，此时需要"申请破产"，申请破产的同时会提醒是否确定不进行融资处理，如图 3-120 所示。

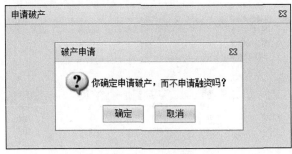

图3-120　申请破产

4. 记录

人力资源管理模拟沙盘实训系统的记录主要包括现金流、人员价值、薪酬明细、培训明细、销售明细、企业福利、管理人员奖金、员工流失及历年排名记录。

1) 现金流

在"现金流"中清楚地记录了公司各运营年人力资源经费及总经费的收支情况，如图 3-121 所示。

图3-121　现金流

2) 人员价值

在"人员价值"中清楚地记录了公司每年结束时，管理人员价值及员工价值，同时还记录了员工当年状态，如图 3-122 所示。

3) 薪酬明细

在"薪酬明细"中清楚地记录了公司每年每期所支出的薪酬情况及合计，如图 3-123 所示。

人员价值

经营年：第一年

管理人员价值

角色	年初价值	年末价值
总经理	9	9
人力资源经理	6	6
招聘甄选主管	3	3
培训开发主管	3	3
绩效考评主管	3	3
薪酬福利主管	3	3

员工价值

序号	员工编号	员工级别	员工价值	员工状态
127	E001	B级	5	在岗
128	E002	B级	5	在岗
131	E003	B级	5	在岗

图3-122　人员价值

薪酬明细

经营年：第一年

期数	A级员工薪酬	B级员工薪酬	C级员工薪酬	D级员工薪酬	合计
第一期	0	12	0	0	12
第二期	0	9	0	0	9
第三期	0	9	0	0	9
第四期	0	9	0	0	9

图3-123　薪酬明细

4) 培训明细

在“培训明细”中清楚地记录了公司各年各员工“在岗培训”与“脱产培训”的次数及培训成本，如图 3-124 所示。

培训明细

经营年：第一年

员工编号	员工级别	岗位定岗	在岗培训	脱产培训	转岗培训	培训成本
E002	B级	P1	1	0	0	2
E003	B级	P1	1	0	0	2

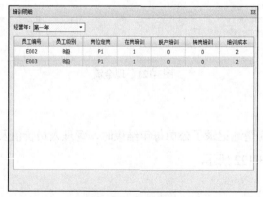

图3-124　培训明细

5) 销售明细

在"销售明细"中清楚地记录了公司各年的"年中销售""年末销售""年末清仓"的产品销售数量、市场售价及收入情况，如图 3-125 所示。

图 3-125　销售明细

6) 企业福利

在"企业福利"中清楚地记录了各公司下一年年初所需要支付的企业福利情况，如图 3-126 所示。

图 3-126　企业福利

7) 管理人员奖金

在"管理人员奖金"中清楚地记录了企业来年所需要支付的管理人员奖金，可以根据经营年查询，如图 3-127 所示。

图3-127　管理人员奖金

8) 员工流失

在"员工流失"中清楚地记录了每年年末公司所流失的员工的详细情况，如图 3-128 所示。

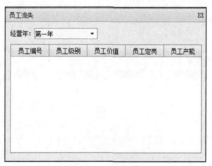

图3-128　员工流失

9) 历年排名

在"历年排名"中清楚地记录了各公司历年的市场排名情况，如图 3-129 所示。

图3-129　历年排名

第4章

人力资源管理沙盘模拟运营流程

4.1 运营前准备

4.1.1 组建模拟企业

组建模拟企业是"人力资源管理沙盘模拟"课程的首要内容，主要包括以下两项。

(1) 受训者分组，每组一般为4~6人，组成若干相互竞争的模拟企业。

(2) 分配角色，职能定位，明确企业组织内每个角色的岗位责任。

1. 团队建设

团队就是由少数有互补技能，愿意为了共同的目的、业绩目标和方法而相互承担责任的人们组成的群体。在人力资源管理沙盘模拟系统中，团队成员包括总经理、人力资源经理、招聘甄选主管、培训开发主管、绩效考评主管、薪酬福利主管等。

1) 总经理

总经理是公司业务执行的最高负责人，在 HRM 沙盘模拟中，我们为突出人力资源管理的整个流程，将公司的其他业务部门全部省略。在本沙盘模拟中，由于公司内的生产、销售等由总经理一人来决策，所以总经理既要扮演公司的总负责人，又要完成各项业务；既要参与制定公司的总战略，又要负责产品的生产销售，批准人力资源经费等具体工作。总经理带领团队主要完成以下工作。

- 制定发展战略。
- 竞争格局分析。
- 经营指标确定。
- 业务策略制定。
- 全面预算管理。
- 管理团队协同。
- 企业绩效分析。
- 业绩考评管理。
- 管理授权与总结。

2) 人力资源经理

人力资源经理的主要任务是，从战略高度努力构建高效实用的人力资源管理系统，成功进行人才选拔，建立科学的考核与激励机制，最大限度地激发人才潜能，创建优秀团队，塑造卓越的企业文化，推动组织变革与创新，最终实现组织的持续发展。HRM 沙盘模拟中的人力资源经理要负责整体的人力资源规划，确定职位设计、人力资源经费的申请时机和数额，以及控制整体人力成本并努力提高人均单产等。人力资源经理主要完成以下工作。

- HRM部门日常工作开展。
- 起草人力资源规划方案。
- 各项人力资源管理制度及流程的起草和修改。
- 督导处理员工投诉，组织处理员工投诉和劳资纠纷，完善内部沟通渠道。

3) 招聘甄选主管

招聘甄选主管是负责公司招聘相关工作的人员，如发布和管理招聘信息、聘前测试、简历甄别、组织招聘、员工人事手续办理、员工档案管理及更新等与招聘相关的工作。在 HRM 沙盘模拟中，招聘甄选主管根据公司人力资源规划，制订科学合理的人才配备计划，建立有效的人才梯度，并通过各种渠道招聘员工以满足公司在各个时期对人才的需求。招聘甄选主管主要完成以下工作。

- 新员工入职手续办理。
- 员工离职手续的办理。
- 员工异动手续的办理。
- 制订招聘计划及制定实施方案。
- 招聘活动的组织和实施。

- 人力资源供需状况和动态的分析。
- 内部人力资源的需求分析。

4) 培训开发主管

培训开发主管负责员工的培训管理，协助拟订培训与发展计划，联系各类培训机构，组织各类培训并编写评估报告。在 HRM 沙盘模拟中，培训开发主管根据整个公司的战略规划和人力资源规划，制订公司培训计划，结合招聘甄选主管的招聘情况，随时调整培训计划，努力通过有计划有步骤的培训弥补不足的产能，并提高整体员工的总体价值和产能。培训开发主管主要完成如下工作。

- 培训体系建设，起草和修改培训相关制度流程。
- 组织培训需求调查。
- 制订公司培训计划。
- 收集整理公司内部和外部的培训资源。
- 与员工签订培训协议。
- 起草、修改培训方案并组织实施培训。
- 对培训效果进行评估并及时反馈信息。

5) 绩效考评主管

绩效考评主管主要熟悉企业绩效考核相关流程的建立及执行，了解各类绩效考核相关工具的使用，负责组织实施员工绩效考核，整理分析考核数据。在 HRM 沙盘模拟中，绩效考评主管年末根据考核规则对管理人员进行考核，并根据考核结果对管理人员的价值进行相应调整，同时也监控员工的绩效奖金与价值提升情况。绩效考评主管主要完成以下工作。

- 绩效考评体系建立，分析与设计KPI指标。
- 管控整个公司业务流程，控制管理层KPI的执行情况。
- 监控公司员工的价值提升状况。

6) 薪酬福利主管

薪酬福利主管负责制作公司每周期的工资报表，按时发放工资，进行薪酬数据分析与统计等工作，为各部门提供薪资福利方面的咨询服务；熟悉企业绩效考核相关流程的建立及执行，了解各类绩效考核相关工具的使用，负责组织实施员工绩效考核，整理分析考核数据，建立员工工作业绩档案，及时提供绩效数据支持，协助各部门开展评价工作。在 HRM 沙盘模拟中，绩效薪酬主管的主要工作是，在年初根据公司战略规划制订科学合理的薪酬计划和支付管理层奖金，每周期支付员工及管理层工资，年末根据考核规则对管理层进行考核，并根据考核结果对管理层的价值进行相应调整。薪酬福利主管主要完成以下工作。

- 薪酬管理制度的制定和修改。
- 薪资福利体系的建立和完善。

- 行业及地区薪资水平的调查分析。
- 年度薪资福利预算的制定。
- 编制薪酬激励计划，负责审核各部门的分配方案，核算人力资源成本。

2. 成立公司

1) 公司命名

公司成立之后，每个小组要召开第一次员工大会，大会由总经理主持。在这次会议中要为自己组建的公司命名。公司名称对一个企业将来的发展而言至关重要，因为公司名称不仅关系企业在行业内的影响力，还关系企业所经营的产品投放市场后，消费者对本企业的认可度。当品牌命名或公司命名过程符合行业特点、有深层次的文化底蕴，又是广大消费者熟知的、独一无二的名称时，企业的竞争力就明显地区别于行业内的企业，为打造知名品牌奠定了基础。因此各小组要集思广益，为自己的企业起一个响亮的名字。因为出色的名字是可以直接体现公司意向的，所以要选择能吸引客户眼球，并且可以轻易地表明我们所销售的产品和服务的公司名字。下面给出几点提示，仅供参考：不要刻意修饰公司的名字，尽量让名字简单明了；尽量让名字读起来很流畅，不要用一些生僻字、难字；名字要简短，好记；字义的意境要优美，符合公司形象。

2) 确定企业使命

企业使命(Mission)在企业远景的基础之上，其具体地定义了企业在全社会经济领域中所经营的活动范围和层次，以及表述企业在社会经济活动中的身份或角色。企业使命的内容包括企业的经营哲学、企业的宗旨和企业的形象。在第一次员工大会上，学员要集体讨论并确定企业的宗旨和企业形象等问题。

3) 总经理就职演讲

小组讨论结束后，由总经理代表自己的公司进行就职演讲，演说的内容主要是阐述自己公司的使命与目标及人员安排分工等，为下一步具体经营管理打下良好的基础。

4.1.2　了解操作台面

人力资源管理沙盘模拟操作台面(见图4-1)，作为人力资源管理活动运用过程中的道具，需要系统和概略性地体现企业的主要业务流程和组织架构。人力资源管理沙盘模拟的内容包括人员的招聘、培训、绩效考核、薪酬福利等。因此在沙盘盘面的设计上也紧密结合人力资源管理的相关内容进行展开，从盘面上我们可以看到，人力资源管理沙盘盘面以管理人员为依据划分为六块，每一块上的内容都是相应管理人员所要进行操作的工作任务。

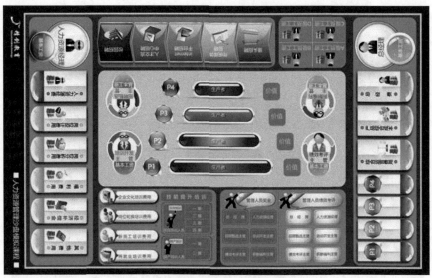

图4-1　人力资源管理沙盘模拟操作台面

1. 总经理

总经理对公司的总经费、管理费的支付及产品的生产进行管理，如图 4-2 所示。

图4-2　总经理操作区

2. 人力资源经理

人力资源经理操作区，主要展现人力资源经理在整个人力资源管理沙盘中所操作的业务。针对不同类型的费用，人力资源经理可进行相应的操作，如图 4-3 所示。

图4-3　人力资源经理操作区

3. 招聘甄选主管

招聘甄选主管在本沙盘中主要是对公司所需人员进行招聘，在招聘甄选主管操作区有 5 个招聘渠道，通过在相应的招聘渠道放置一定的费用来表示招聘活动的进行。在人员招聘成功后，要按照招聘时所进行的"定岗"活动，将人员放置到相应的产品"生产者"处，如图4-4所示。

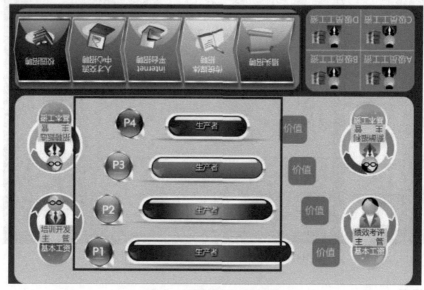

图4-4　招聘甄选主管操作区

4. 培训开发主管

培训开发主管主要是对公司内员工进行相应的培训。该主管在相应的培训项目内支付一定的费用，就可进行培训。其中若对员工进行"技能提升培训"，可将相应的人员放置培训处，并支付一定的培训费用，培训完成后重新放置于"生产者"处。经技能培训后员工的价值将有所变化，如图4-5所示。

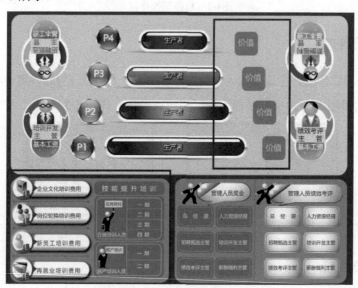

图4-5　培训开发主管操作区

5. 绩效考评主管

在盘面上，我们可以清晰地看到绩效主管所要进行操作的工作内容，包括对管理人员进行绩效考评及评定各个管理人员的绩效奖金，如图 4-6 所示。

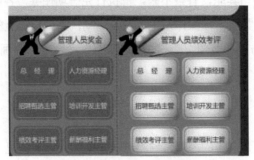

图4-6　绩效考评主管操作区

6. 薪酬福利主管

薪酬福利主管主要负责各类员工及各个管理人员工资的支付，包括奖金及福利的发放，如图 4-7 所示。

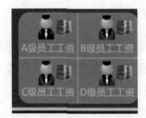

图4-7　薪酬福利主管操作区

4.1.3　学习运营规则

人力资源管理的运营涉及经费的申请、产品市场的收购、工作分析、招聘甄选、培训开发、绩效考评、薪酬福利、劳动关系等各个方面。在模拟运营之前，学生必须熟悉和了解这些条件才能进行合理的经营，在竞争中提升实力。因此在分组竞争前，学生需要先学习人力资源管理沙盘模拟系统的运营规则。

4.2　运营对抗

在人力资源管理沙盘运营模拟经营中，各组人力资源管理部门主管按照人力资源管理流程表有序地开展工作。流程记录表(以下称流程表,详见附录 A)是公司人力资源管理的简化工作流程,也是人力资源管理竞争模拟中的主要工作流程,所以必须严格按照流程执行。流程表的任务清单主要分为年初工作、日常运营和年末工作三部分,由总经理与人力资源经理主持执行,指挥团队中各成员各司其职,有条不紊,每执行完一项任务,各成员分别使用三种记号,即分三种方式进行记录。如果本项操作发生了资金运动,则记录其金额;如果本项操作发生了但没有资金运动,则在方格中打"√";如果本项操作没发生,则画"×"。

4.2.1 年初工作

每年年初,企业应谋划全年的经营,预测可能出现的问题和情况,分析可能面临的问题和困难,寻找解决问题的途径和办法,使企业未来的经营活动处于掌控之中。为此,首先企业应召集各位主管召开新年度规划会议,初步制定企业本年度的人力资源管理规划;其次人力资源经理向总经理申请部门运营经费;再次薪酬福利主管根据上年度的超额利润情况,支付企业福利与管理人员奖金;最后各主管在人力资源经理的带领下开始本年度的各项工作。

1. 初始信息登记(人员与价值)

为了使当年年度经营的数据清晰,每年年初时总经理、绩效考评主管、培训开发主管需要对公司员工的生产能力、拥有的价值及培训状况进行一个全方位的盘点,为当年经营提供一个精准的人员状况数据支撑。

1) 角色情况记录表

总经理:登记上年度员工经过招聘、培训、辞退、流失等变化后所记录的编号、级别、定岗及产能情况。角色情况记录表,如表 4-1 所示。

表4-1　角色情况记录表

员工编号	第一周期				离职	第二周期				离职	第三周期				离职	第四周期				离职
	级别	定岗	产能	产量		级别	定岗	产能	产量		级别	定岗	产能	产量		级别	定岗	产能	产量	
001	B	P1	6	6		B	P1	6	6		B	P1	6	6		B	P1	6	6	
002						C	P2	2	2		C	P2	2	2		C	P2	2	2	
003						D	P1	1	1		D	P1	1	0	辞					
004						D	P1	1	1		D	P1	1	1		D	P1	1	1	
005											C	P2	2	2		C	P2	2	2	

(1) 员工编号：每个员工编号仅可为一名员工使用，且编号不随员工变动而变化，若员工离职(被挖、辞退、流失等)，该编号自动封存，不再使用。例如，表4-1中编号为003的D级员工在第一年第三周期被辞退，则之后该编号一栏不需要再填写该员工相关资料，同时该编号也不再被其他员工使用。

(2) 级别：员工级别分为A、B、C、D四个等级；新员工填写时，周期要与招聘到该员工的周期相对应。例如，在第一年第三周期招进一名C级员工，则其填写如表4-1中编号为005的员工。

(3) 定岗：员工生产岗位，即员工生产何种产品；新员工定岗必须与招聘时定岗相同，不可随意改动。

绩效考评主管：登记上年度经过绩效考核后的管理人员的价值情况。年初管理人员的价值不仅影响当年各管理人员的基本工资，更影响当年的评分情况。统计好年初管理人员的价值后，绩效考评主管应及时通知薪酬福利主管，提醒其按照最新的价值所对应的年基本工资进行发放。管理人员价值记录表，如表4-2所示。

表4-2 管理人员价值记录表

职位	总经理	人力资源经理	招聘甄选主管	培训开发主管	绩效考评主管	薪酬福利主管	合计
年初管理人员价值	9	6	3	3	3	3	27
绩效价值	0	0	0	0	0	0	0
年末管理人员价值	9	6	3	3	3	3	27

除了登记年初管理人员价值以外，绩效考评主管还需登记在职员工的级别及年初价值，如表4-3所示。由于绩效考评主管掌握了最原始的员工价值，因此还可与总经理所登记的员工产能进行对照，以找出数据的漏洞。例如，当B级员工价值为6时，其对应的某个产品的产能必定高出初始产能1个。

表4-3 在职员工的级别及年初价值

序号	员工编号	员工级别	年初员工价值	年末员工价值	员工状态
1	001	B		5	
2	002	C		2	
3	004	D		0	
4	005	C		2	

2) 各角色盘面

由于初始信息登记(人员与价值)这一步骤主要是起到承上启下，将上年度的数据进行整理对照的作用，因此盘面部分主要查看如图 4-8 所示的人员数量及价值。图 4-9 所示的管理人员的年初价值，做到账面和盘面相符即可。

图4-8　人员数量及价值

图4-9　管理人员的年初价值

3) 人力资源经理操作方法

人力资源经理：总经理在核对完毕后，需要报于人力资源经理，人力资源经理在流程表"初始信息登记(人员与价值)"一栏中填入"√"即可，如表 4-4 所示。

表4-4　人力资源经理操作流程

手工操作流程			操作角色	填写表格	记录(四个周期)			
					一	二	三	四
年初	1	初始信息登记(人员与价值)	总经理｜绩效考评主管｜培训开发主管	1-1/6-1/4-1	√			

注：

"操作流程"表示相应的操作内容，在相应内容前的数字表示相应的操作顺序；

"角色分工"表示相应的操作角色；

"填写表格"表示相应的操作角色所需要操作的表格；如果出现"★"表示确认操作，只要在相应记录中打"√"即可。

"记录"表示相应的操作周期，"一、二、三、四"表示的是市场营销运营模拟沙盘中的四个运营周期，其中"灰色底纹"表示相应周期不需要进行操作。

2. 年初总经费/上年度剩余总经费

"巧妇难为无米之炊"这一经典俗语，同样适用于企业运营中。其中"米"我们可以认为是资金，因此再好的管理人员没有资金的支撑，也无法做出什么作为。人力资源管理沙盘模拟为管理团队提供了初始的运营资金，一共 1000K，这些"米"将成为企业运营的初始动力来源。

1) 总经费收支明细表操作方法

总经理：第一年运营时，由教师分配年初总经费金额，总经理在手工操作流程中的"总经费收支明细表"的"年初总经费|上年度剩余总经费"一栏中填入相应的经费。在之后的运营年开始时，由总经理对上年度剩余的总经费进行盘点，在"年初总经费|上年度剩余总经费"一栏中填入相应的经费，如表 4-5 所示。

表4-5　总经费收支明细表

年初总经费|上年度剩余总经费	1000

2) 总经费盘面操作方法

总经理：第一年运营时，领取教师分配的相应金额后，放在沙盘盘面所对应的"总经费"处。在其他运营年开始时，由总经理根据表格中"年初总经费|上年度剩余总经费"对盘面上的"总经费"进行核对，如图 4-10 所示。

图4-10　总经费放置处

3) 人力资源经理操作方法

人力资源经理：总经理在核对完毕后，需要将相关数据报于人力资源经理，人力资源经理在流程表"年初总经费|上年度剩余总经费"一栏中填入数额 1000 即可，如表 4-6 所示。

表4-6　人力资源经理操作流程

手工操作流程			操作角色	填写表格	记录(四个周期)			
					一	二	三	四
年初	2	年初总经费|上年度剩余总经费	总经理	1-2	1000			

3. 新年度规划会议

"不谋万世者，不足谋一时；不谋全局者，不足谋一域。"在开始新的一年经营之前，由总经理与人力资源经理召集各职能部门主管召开公司新年度规划会议，根据各职能主管掌握的信息与公司的实际情况，初步提出公司在新一年的年度规划，内容包括人员招聘、培训开发、产品生产及销售等。

年初的新年度规划会议涉及公司在新的一年如何展开各项人力资源管理活动。通过制定新年度规划，可以使各职能部门主管在经营过程中做到胸有成竹，并能够知道自己在什么时候应该做什么、怎么做，可以有效地预防人力资源管理过程中决策的随意性和盲目性，减少人力资源管理策略的失误。同时在制定人力资源管理战略规划时，各职能经理已经就各项决策达成了共识，使各项人力资源管理活动有条不紊地进行，可以有效提高团队的合作精神、鼓舞士气，提高团队的凝聚力、向心力和战斗力，使团队成员之间更加紧密团结。

商业情报有助于发展公司的核心能力，是强化和改变公司发展战略的重要基础，谁掌握情报，谁就能在激烈的市场竞争中处于主动地位，就能赢得时间、人才和利润。而商业情报的获得与分析尤其重要。商业情报的来源主要分为两大类，即一手情报和二手情报。一手情报主要通过调查得到；二手情报主要通过中间环节获得，如行业报道、商业周刊、人才市场、互联网、中介机构等。

1) 读懂市场产品需求的预测

在本沙盘模拟中，市场预测是各公司能够得到关于产品市场需求预测和价格及人力资源供求状况的唯一可以参考的有价值的东西，对市场预测的分析与人才规划息息相关，主要分为产品需求预测和人才供给预测。

图4-11所示是六年六组的产品需求预测数据。

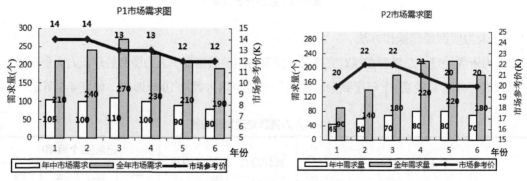

图4-11　产品需求预测

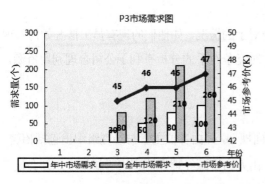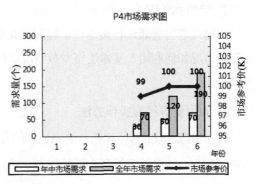

注：图中全年、年中需求量单位为"个"，市场参考价单位为 K。

图4-11　产品需求预测(续)

图 4-12 所示是六年六组的人才供给预测数据。

人才信息

经营年：第2年　　　经营期：第1期　　　查询

员工级别	校园招聘	人才交流中心招聘	Internet 平台招聘	传统媒体招聘	猎头招聘
B级	0	0	1	1	0
C级	1	1	2	0	0
D级	2	1	0	0	0

图4-12　人才供给预测

表 4-7 所示是人力资源供应表，各小组根据市场提供的人力资源数量预计本年度可以生产的全部产品的数量，以及公司可以招聘到的人员情况和生产的产品数量，然后根据市场的产品需求、市场参考价来确定公司招聘人员及生产产品分类的情况。

表4-7　人力资源供应表

年份	招聘渠道	第一周期					第二周期					第三周期					第四周期				
		校园招聘	人才交流中心	Internet平台招聘	传统媒体招聘	猎头招聘	校园招聘	人才交流中心	Internet平台招聘	传统媒体招聘	猎头招聘	校园招聘	人才交流中心	Internet平台招聘	传统媒体招聘	猎头招聘	校园招聘	人才交流中心	Internet平台招聘	传统媒体招聘	猎头招聘
第一年	A																				
	B	0	6	0	0							0	0	0	0						
	C	0	0	0	0		0	0	6			0	6	0	0		0	0	0	0	
	D	0	0	0	0		6	6	0			0	0	0	0		0	0	0	0	

2) 分析竞争对手

招聘甄选主管通过各类途径了解同行业竞争对手的情况，如他们的现有员工情况如何？现有资金情况如何利用？基本工资发放情况如何？对竞争对手的分析有利于公司合理利用资源，开展竞争。

3) 人力资源经理操作方法

人力资源经理：总经理在总结完当年的各方面规划，并由各位主管与经理组织出包括招聘、培训、薪酬、绩效管理等各方面的规划文稿后，由人力资源经理在流程表"新年度规划会议"一栏中填入"√"即可，如表4-8所示。

表4-8 人力资源经理操作流程

手工操作流程			操作角色	填写表格	记录(四个周期)			
					一	二	三	四
年初	3	新年度规划会议	总经理	★	√			

4．上年度剩余人力资源经费

公司只有第一年有初始的 1000K 的人力资源经费，以后每一年，人力资源经理除了需要考虑部门的资金情况之外，还需要考虑上年度部门是否有剩余的经费，因此每年年初由人力资源经理确认"上年度人力资源剩余经费"。

1) 人力资源经理操作方法

人力资源经理：第一年是教学年，没有"上年度剩余人力资源经费"，所以人力资源经理在人力资源经费使用表中的"上年度人力资源剩余经费"一栏处填 0；在之后的运营年开始时，需要人力资源经理对"上年度人力资源剩余经费"进行相应的盘点，并在人力资源经费使用表中的"上年度人力资源剩余经费"一栏处填入相应的经费，如表 4-9 所示。

表4-9 人力资源经费使用表

上年度人力资源剩余经费	0

2) 人力资源经理盘面操作方法

人力资源经理：第一年作为教学年，人力资源经理不需要进行"上年度人力资源剩余经费"的盘点。在其他运营年开始时，人力资源经理需要根据表格中"上年度人力资源剩余经费"对盘面中的"人力资源经费"进行核对，如图 4-13 所示。

图4-13　人力资源经费放置处

3) 人力资源经理流程操作方法

人力资源经理：核对完"上年度人力资源剩余经费"后，在流程表相应栏中填入相应的数额即可，如表 4-10 所示。

表4-10　人力资源经理操作流程

	手工操作流程	操作角色	填写表格	记录(四个周期)			
				一	二	三	四
4	上年度人力资源剩余经费	人力资源经理	2-1	0			

5. 申请人力资源经费

由于公司资金有限，所以对资金进行规划时，需要考虑总经费与人力资源经费两个主要部分。其中总经费主要用于产品的综合生产成本的支付，人力资源经费用于人力资源管理相关的费用支付。若人力资源经费申请得多，则公司总经费少，相反亦然。因此，有效区分两者的权重成为操作本沙盘模拟的重心之一，而人力资源经费的申请与新年度规划会议中确认的当年的人力资源战略规划密切相关。

人力资源战略规划应当结合目前和未来的市场需求、竞争对手可能执行的策略及本公司现状去进行。在进行规划时，公司应对市场需求进行准确的分析，包括：分析各个市场产品的需求状况和参考价格；预测竞争对手可能的目标市场和产品定位情况；预测各个竞争对手在新的一年中的资金使用情况。在以上分析基础上，各职能主管针对自己各部门提出当年人力资源管理战略规划的初步设想，经过大家讨论论证后，并权衡各方利弊得失，做出公司新年度人力资源管理经费规划。在进行人力资源管理经费规划时应考虑招聘甄选规划、培训开发规划、产品生产销售规划、薪酬福利规划等。

我们可以从以下几个规划中探索如何进行有效的资金规划。

(1) 产品生产销售规划：作为公司的核心目标，通过销售实现公司产品价值，获取更高销售利润是无可厚非的。由于产品的综合成本是总经费支出的主要费用，因此预测当年需要生产的产品，即可预测出当年需要使用的总经费数额，这来自对数据的精确分析和判断。

(2) 招聘甄选规划：招聘甄选是获取额外人才的唯一途径，也是提升公司员工整体产能的重要途径之一，因此招聘甄选规划的有效实施将极大地影响整体人力资源战略的落地。公司根据当年的生产销售规划可以了解当年公司需要的产能支撑，招聘甄选规划可以由这些数据判断当年需要多少人才进行补充，以满足产能需求。

(3) 培训开发规划：培训开发作为提升公司员工整体产能的另外一个重要途径，不仅能提升产能及员工价值，更因为其具有较强的可规划性与预测性，得到了公司的追捧与青睐。由于招聘甄选存在各公司间的竞争与对抗，因此通过该方式保证公司产能的需求是有一定风险的，公司可以通过培训开发对存在缺位的产能进行补充。

(4) 薪酬福利规划：作为人力资源经费的主要支出环节，薪酬福利对资金规划的影响可见一斑。对内可留住人才，对外有竞争力且符合公司成本要求的薪酬是公司一直追求的最佳组合。各类型员工的基本工资、人才引进津贴会影响员工的稳定及员工进入公司的意愿，因此，科学的薪酬福利规划将直接影响招聘甄选乃至人力资源战略的成败。

除了以上几点在申请人力资源经费时需要考虑以外，紧急申请人力资源经费、人力资源经费向公司经费回流的回账、人力资源经费申请过多而存在的大量余额都会产生经费损失，因此说人力资源经费的申请是人力资源模拟沙盘最重要的资金规划环节一点也不为过，将其与新年度规划会议的重要并驾齐驱也未尝不可。

1) 各角色流程操作方法

人力资源经理：根据年初规划，人力资源经理在流程表"人力资源经费使用表"(见附表 C-1)的"人力资源经费申请额"中填入申请经费额度，如表 4-11 所示。

表4-11　人力资源经理操作流程

人力资源经费申请额	500

总经理：根据人力资源经理申请额，在流程表"总经费收支明细表"(见附表 B-2)的"人力资源经费申请额"中填入人力资源经理的申请经费额度。

2) 各角色盘面操作方法

总经理：在"总经费"处支出相应的金额，交给人力资源经理。

人力资源经理：人力资源经理将在总经理处领取的经费放在"人力资源经费"处，如图 4-14 所示。

图4-14 "总经费"向"人力资源经费"拨款

3) 人力资源经理流程操作方法

人力资源经理：核对流程表中"人力资源经费使用表"及盘面上的"人力资源经费"，在流程表"申请人力资源经费"一栏中填入数额即可，如表 4-12 所示。

表4-12 人力资源经理操作流程

手工操作流程			操作角色	填写表格	记录(四个周期)			
					一	二	三	四
年初	5	申请人力资源经费	人力资源经理｜总经理	2-1/1-2	500			

6. 支付企业福利

企业福利作为对法定福利的重要补充，一直受公司利润影响。每年公司根据上年度超额利润情况提出一定比例作为企业福利发给员工与管理人员。

1) 薪酬福利主管操作方法

薪酬福利主管：第一年为教学年，没有上年度，因此教学年主要计算下一年度年初需要支付的企业福利。由于企业福利依据的是上年度的超额利润，所以公司在年末进行计算，下年度年初进行支付。第一年企业福利费用为 0。

2) 薪酬福利主管盘面操作方法

薪酬福利主管：由于第一年为教学年，企业福利费用为 0，因此盘面无操作。如果从第二年开始，上年度有超额利润时，根据规则计算出企业福利费用，然后向人力资源经理处申请人力资源经费，放置在"福利费用"处，如图 4-15 所示。

图4-15 福利费用放置处

3) 人力资源经理流程操作方法

人力资源经理：核对上一年度"企业福利费用表"(见附表 F-5)及盘面上的"福利费用"，在流程表"支付企业福利"一栏中填入数额即可，如表 4-13 所示。

表4-13　人力资源经理操作流程

手工操作流程		操作角色	填写表格	记录(四个周期)			
				一	二	三	四
年初	6	支付企业福利	人力资源经理	2-1	0			

7. 支付管理人员奖金

管理人员奖金作为管理人员薪酬的重要部分，与管理人员价值和超额利润密切相关。公司经营得越好，管理人员的奖金越多，这是一个毫无争议的判断。由于是教学年，无上一年，因此管理人员奖金为0。从第二年开始，可以查看上一年度的"管理人员奖金表"，按照数据当年进行支付即可。

1) 薪酬福利主管操作方法

薪酬福利主管：第一年为教学年，"薪酬表"(见附表 F-3)与"人力资源经费使用表"中的"管理人员奖金"都为0，在其他运营年开始时，"管理人员奖金"即为上一年年末提前计算的管理人员奖金，如表 4-14 所示。

表4-14　薪酬福利主管操作流程

管理人员奖金	0

2) 薪酬福利主管盘面操作方法

薪酬福利主管：由于第一年为教学年，管理人员奖金均为 0，因此盘面无操作。从第二年开始，当上年度有超额利润时，根据规则计算出各个管理人员的奖金，然后向人力资源经理处申请人力资源经费，放置在"管理人员奖金"摆放处，如图 4-16 所示。

图4-16　管理人员奖金摆放处

3) 人力资源经理流程操作方法

人力资源经理：核对上一年度"管理人员奖金表"(见附表 F-6)及盘面上的"管理人员奖金"，在流程表"支付管理人员奖金"一栏中填入数额即可，如表 4-15 所示。

表4-15　人力资源经理操作流程

手工操作流程			操作角色	填写表格	记录(四个周期)			
					一	二	三	四
年初	7	支付管理人员奖金	薪酬福利主管｜人力资源经理	5-5/2-1/2-2	0			

8. 企业文化培训

随着我国企业发展的不断完善与成熟，员工的精神需求越来越得到企业的重视，企业文化培训是满足员工精神需求，不断提升员工凝聚力的重要载体与手段。从人力资源管理沙盘模拟角度，企业文化培训的资金来源于上一年度净利润情况，每年从上年度净利润中计提一部分作为企业文化培训费用，其最为直接的效用是提升员工稳定性，降低员工流失率。

1) 培训开发主管操作方法

培训开发主管：第一年为教学年，"企业文化培训方案"(见附表 E-2)中的"上年净利润"为 0，因此企业文化培训费用与员工流失率没有降低的幅度。在其他运营年开始时，"上年净利润"为正值时，可以对企业文化培训计提比例进行选择，不同的计提比例，会产生不同的费用与效果，如表 4-16 所示。

表4-16　培训开发主管操作流程

上年净利润	企业文化培训计提比例	企业文化培训费用	员工流失率降低幅度
0	0	0	0

2) 培训开发主管盘面操作方法

培训开发主管：由于第一年为教学年，企业文化培训费用均为 0，因此盘面无操作。从第二年开始，当上年度有净利润时，可根据人力资源战略规划选择相应的计提比例，然后向人力资源经理处申请人力资源经费，放置在"企业文化培训费用"摆放处，具体如图 4-17 所示。

图4-17　企业文化培训费用摆放处

3) 人力资源经理流程操作方法

人力资源经理：核对上一年度"企业文化培训方案"及盘面上的"企业文化培训费用"，

在流程表"企业文化培训"一栏中填入数额即可，如表4-17所示。

表4-17　人力资源经理操作流程

手工操作流程			操作角色	填写表格	记录(四个周期)			
					一	二	三	四
年初	8	企业文化培训	培训开发主管	4-2	0			

4.2.2　日常运营

公司制定完成年度战略规划后，就可以按照运营规则和流程进行运营，流程表就是任务清单，反映了企业在运营过程中的先后顺序，并按照顺序进行运营操作。为了大家对人力资源管理沙盘运营有一个详细的了解，下面我们按照流程的顺序，对人力资源管理运营中的各操作要点进行介绍。

1. 期初经费盘点(总经费、人力资源经费)

为了保证表单与盘面相符，公司应当在下期开始前对公司上期的资金进行盘点。盘点的项目主要有现金、人员招聘、人员培训、员工薪酬、管理人员薪酬、产品生产、销售收入等。各职能角色对自己所在的沙盘盘面的资产进行逐一清点，确认沙盘盘面道具的摆放，并确认相应的数据，然后将自己的操作表格记录数据和总经理或人力资源经理进行核对，若有错误应及时向总经理或人力资源经理反馈并解决。期初经费就是上期期末的剩余经费。

1) 各角色操作方法

总经理：根据流程表中"年初总经费|上年度剩余总经费"减去"人力资源经费申请额"，将剩余的经费数额填入流程表中"总经费收支明细表"的"期初总经费"中，如表4-18所示。之后的第二周期、第三周期、第四周期的期初总经费为前期期初总经费减去公司相应的运营费用。

表4-18　总经理操作流程

年初总经费|上年度剩余总经费	1000	人力资源经费申请额		500	
周期	第一周期	第二周期	第三周期	第四周期	合计
期初总经费	500	476	740	688	

人力资源经理：根据流程表中"上年度人力资源剩余经费"加上"人力资源经费申请额"，将数额填入流程表中"人力资源经费使用表"的"期初人力资源经费"中，如表4-19所示。之

后的第二周期、第三周期、第四周期的期初人力资源经费减去人力资源管理的费用。

表4-19　人力资源经理操作流程

上年度人力资源剩余经费	0	人力资源经费申请额		500	企业福利	0
管理人员奖金	0	企业文化培训费用		0		
周期	第一周期	第二周期	第三周期	第四周期	合计	
期初人力资源经费	500	395	276	165		

2) 各角色盘面操作方法

人力资源经理/总经理：根据"总经费收支明细表"中的"期初总经费"和"人力资源经费使用表"中的"期初人力资源经费"确认盘面上的经费额度，如图4-18所示。

图4-18　总经费、人力资源经费

3) 人力资源经理流程操作方法

人力资源经理：核对"总经费收支明细表""人力资源经费使用表"及相应的盘面经费，在流程表相应栏中填入数额即可，如表4-20所示。

表4-20　人力资源经理操作流程

手工操作流程		操作角色	填写表格	记录(四个周期)			
				一	二	三	四
9	期初总经费盘点	总经理	1-2	500	476	740	688
10	期初人力资源经费盘点	人力资源经理	2-1	500	413	276	165

2. 岗位设计

工作分析作为人力资源管理的基础工作，对人力资源的招聘有特别重要的意义与作用，由岗位设计与岗位分析两个部分组成。其中岗位设计针对的是公司本身没有职位进行，对该职位进行详细的描述与定位。

1) 招聘甄选主管操作方法

招聘甄选主管：岗位设计的时间为每年的第一周期，因此错过这个机会就会影响整体招聘策略的落地。例如，在第一周期对 B、C、D 三类员工进行设计，可在"招聘申请明细表"处分别填写 7、5、0。D 类员工为实习生，无须进行设计，因此其岗位设计费为 0，如表 4-21 所示。

表4-21　岗位设计费

员工类型	岗位设计
A	0
B	7
C	5
D	0

　　填表规则：首次进行职位设计的员工级别，在相应的方格内填写设计费用；若该职位已设计付费，则在相应方格内打钩以作为标注；职位设计仅在每年的第一周期进行，若第 1 年对 B 级员工进行职位设计，那么在职位设计方格内填写 8，而第二年及之后，只需打钩(√)。

　　除此之外，还需在"工作分析及招聘费用统计表"(见附表 D-2)中，将汇总的当期的岗位设计费用填入表格中，如表 4-22 所示。

表4-22　当期的岗位设计费

周期		第一周期	第二周期	第三周期	第四周期	合计
工作分析	岗位设计	12				12

2) 招聘甄选主管盘面操作方法

　　招聘甄选主管：根据"招聘申请明细表"(见附表 D-1)和"工作分析及招聘费用统计表"中的"岗位设计"，向人力资源经理处申请人力资源经费，放置在"岗位设计费用"处，具体如图 4-19 所示。

图4-19　岗位设计费用摆放处

3) 人力资源经理流程操作方法

　　人力资源经理：核对"招聘申请明细表""工作分析及招聘费用统计表"及相应的盘面经费，在流程表相应栏中填入数额即可，如表 4-23 所示。

表4-23　人力资源经理操作流程

手工操作流程		操作角色	填写表格	记录(四个周期)			
				一	二	三	四
11	岗位设计	招聘甄选主管｜人力资源经理	3-1/3-2/2-1	12			

3. 岗位分析

岗位分析针对的是公司已有的职位，在招聘前进行一个有针对性的分析，为所招聘的人才的准确定位提供依据。

1) 招聘甄选主管操作方法

招聘甄选主管：岗位分析为每次招聘前进行，若当期需要招聘 B 级员工，则需对 B 级员工进行岗位分析，但错过对 B 级员工的岗位分析就没有在当期对 B 级员工进行招聘的权利。例如，在第一周期对 B 级员工进行岗位分析，可在"招聘申请明细表"对应处填写 2。其中 D 类员工的岗位分析费为 0，无须分析即可招聘，如表 4-24 所示。

表4-24　岗位分析费统计表

周期		第一周期	第二周期	第三周期	第四周期
A	岗位分析	0			
B	岗位分析	2		0	
C	岗位分析	0	1	1	0

填表规则

A 级员工只有一格，表示只有每年的第一周期可进行职位分析；B 级员工有两格，表示第一与第三周期可进行职位分析；C 级员工有四格，表示每周期都可进行职位分析。

除此之外，还需将表 4-25 中汇总的当期的岗位设计费用填入"工作分析及招聘费用统计表"中。

表4-25　岗位设计费用汇总表

周期		第一周期	第二周期	第三周期	第四周期	合计
工作分析	岗位分析	2	1	1	0	4

2) 招聘甄选主管角色操作方法

招聘甄选主管：根据"招聘申请明细表""工作分析及招聘费用统计表"中的"岗位分析"

费用，向人力资源经理处申请人力资源经费，放置在"岗位分析费用"处，如图4-20所示。

图4-20　岗位分析费用摆放处

3) 人力资源经理流程操作方法

人力资源经理：核对"招聘申请明细表""工作分析及招聘费用统计表"及相应的盘面经费，在流程表相应栏中填入数额即可，如表4-26所示。

表4-26　人力资源经理操作流程

手工操作流程		操作角色	填写表格	记录(四个周期)			
				一	二	三	四
12	岗位分析	招聘甄选主管｜人力资源经理	3-1/3-2/2-1	2	1	1	0

4. 制定与调整员工年基本工资

公司根据规划招聘相应的员工，除了选择合适的招聘渠道和招聘机遇以外，更为重要的是制定有竞争力的薪酬标准。每年年初，公司可以对各类型员工的年基本工资进行制定与调整。制定调整完成后，公司就按照该标准进行执行，不可随意进行调整。

1) 薪酬福利主管操作方法

薪酬福利主管：在"员工年基本工资制定/调整表"(见附表 F-1)中，每类人员都有年基本工资，企业可根据前期规划来修改每类人员的年基本工资，设定完成后，在本年度的运营过程中不可以对基本工资进行修改，直到下一年运营开始才可以重新设定，如表4-27所示。

表4-27　员工年基本工资制定/调整表

员工级别	上一年度期基本工资	调整后当年期基本工资
A	0	0
B	0	32
C	0	20
D	0	12

当制定完成当年各类人员的期基本工资后，将数据填入"招聘申请明细表"中，招聘甄选

主管按该标准进行招聘。

2）人力资源经理流程操作方法

人力资源经理：确认"员工年基本工资制定/调整表"中对各级人员年基本工资设定完成，在流程表相应的方格内打"√"，如表 4-28 所示。

表4-28　人力资源经理操作流程

手工操作流程		操作角色	填写表格	记录(四个周期)			
				一	二	三	四
13	制定/调整员工期基本工资	薪酬福利主管 ｜ 招聘甄选主管	5-1/3-1	√			

5. 挖人——人才引进

挖人作为招聘的重要渠道，属于猎头招聘的一个部分，越来越受到企业的重视与青睐。挖人不仅可获得企业本身所需要的重要人才，更可以通过挖人影响其他公司的战略规划与执行，可谓一举两得。当然挖人本身也不是一本万利，由于规则的限制，挖人可能会产生比正常招聘更高的招聘成本和薪酬成本，利弊权衡由公司自己判断。

1）招聘甄选主管操作方法

招聘甄选主管：在"挖人申请表"中，填写挖人的目标公司、目标员工级别、之前制定的该级别员工年基本工资、可给出的人才引进津贴，如表 4-29 所示。填写完成后即可交给教师，由教师进行比较与判断。由于第一年为教学年，无员工可进行挖人，因此暂无数据，但经营至第二年，公司间在符合规则条件下，可自由挖人。公司灵活运用挖人机会，将有效补充公司人员缺口，更会在甩开对手的方面有丰厚的收获。当然其中外部情报的精确收集，是挖人成功的关键。

表4-29　挖人申请表

目标公司	员工级别	年基本工资	人才引进津贴	员工定岗	P1产能	P2产能	P3产能	P4产能	成功与否

填表规则

(1) 年基本工资：该数值与调整后基本工资一栏意义相同，即挖人公司当年支付该级别员工年度基本工资。

(2) 人才引进津贴：该数值挖人公司可根据自己对竞争对手的推断确定。

(3) 被挖员工应保持原公司的定岗。

(4) 成功与否：若挖人成功，则在表 4-30 上做相应的记录。

将挖人所产生的最低招聘费用和挖人成功的猎头费用都计入猎头招聘费用，填入"工作分析及招聘费用统计表"。挖人招聘费用统计表，如表 4-30 所示。

表4-30 挖人招聘费用统计表

周期	第一周期	第二周期	第三周期	第四周期	合计
猎头招聘	0	0	0	0	0

挖人成功后，公司还需支付补偿金，计入"人力资源经费使用表"中的"挖人补偿金"中，如表 4-31 所示。

表4-31 公司支付补偿金

周期	第一周期	第二周期	第三周期	第四周期	合计
挖人补偿金	0				0

挖人补偿金是员工被其他公司挖走后，其他公司付给被挖公司的补偿金额，其数据为该员工在原公司的年基本工资的 50%，可参考挖人规则。

公司从教师处获取被挖员工后，需要办理入职手续，即总经理需将员工的编号、级别、产能计入"员工生产明细表"(见附表 B-1)。同时培训开发主管也需将员工的编号、级别、定岗、原产能计入"员工产能培训明细表"(见附表 E-1)；绩效考评主管需将员工价值计入"员工人数及员工年末价值统计表"(见附表 G-2)。完成以上手续才标志一轮的挖人流程已经完成。

2) 招聘甄选主管盘面操作方法

招聘甄选主管：当挖人申请提交时，招聘甄选主管向人力资源经理申请最低猎头招聘费用 (3K/人)，放置在猎头招聘处。若教师判断挖人成功，则招聘甄选主管根据"挖人申请表"(见附表 D-3)中所给出的年基本工资，结合挖人规则，向人力资源经理申请 25%的年基本工资，放置在"猎头招聘"处，如图 4-21 所示。同时招聘甄选主管还需根据被挖公司的人员的年基本工资，向人力资源经费申请 50%的年基本工资的人力资源经费，作为被挖公司的补偿，被挖公司将获得的补偿金直接放入人力资源经费。

图4-21 猎头招聘费用放置处

支付好相关费用后,被挖公司将被挖人员与其对应的价值币(红币)交给教师,由教师转交给挖人公司,挖人公司按照被挖人员之前所定岗产品,放置在相应区域,完成挖人流程,如图4-22所示。

图4-22 被挖人员与价值放置处

3) 人力资源经理流程操作方法

人力资源经理:根据"工作分析及招聘费用统计表""人力资源经费使用表"中对挖人时的最低招聘费用、成功时的猎头招聘费用、挖人经济补偿金等数额,在流程表相应的方格内填入数额即可,如表4-32所示。

表4-32 人力资源经理操作流程

手工操作流程		操作角色	填写表格	记录(四个周期)			
				一	二	三	四
14	挖人——人才引进	招聘甄选主管｜教师	3-3/7-2	0			

6. 辞退——再就业培训

在劳动关系管理中,最为重要的就是员工的入职管理和离职管理。人员的离职必定会对公司的整体战略和产能产生影响。

1) 辞退

人员离职有被单位辞退离职和主动离职之分。辞退作为企业的一种主动裁撤员工的方式,是企业调整员工结构、产能结构、薪酬结构等的重要手段。但是由于产能的重要性考量与人才的稀缺,企业做出辞退决策时需慎之又慎,避免由于盲目辞退给企业造成难以弥补的损失。人力资源经理权衡薪酬成本、产能、价值等多方面因素做出辞退决定后,其他主管和经理进行操作。

总经理:根据人力资源经理辞退决策,在"员工生产明细表"中封存被辞退员工的编号,辞退后不再进行该编号下员工的正常生产。公司辞退员工后,各部门主管需要做以下工作:培训开发主管在"员工产能培训明细表"中封存编号;绩效考评主管在"员工人数及员工年末价值统计表"中封存编号,不再加入当年的价值统计;薪酬福利主管在"员工薪酬明细表"(见附表F-2)中封存编号。

2) 离职

离职是对员工状况的描述，包括被挖、辞退、流失，可在相应方格内相对应地做上备注，分别为"挖""流""辞"。例如，编号 003 的 D 级员工在第三周期被辞退，其产量则不必填写，并在离职栏写上"辞"，如表 4-33 所示。

表4-33　离职员工统计表

员工编号	第一周期				离职	第二周期				离职	第三周期				离职	第四周期				离职
	级别	定岗	产能	产量		级别	定岗	产能	产量		级别	定岗	产能	产量		级别	定岗	产能	产量	
003						D	P1	1	1		D	P1	1	0	辞					

由于辞退是企业的主动行为，所以根据新劳动法规定，公司除了办理正常的辞退手续以外，还需支付被辞退人员一个周期的基本工资作为经济补偿金，由人力资源经理在"人力资源经费使用表"中填入相应的经济补偿金。辞退员工经济补偿金统计表，如表 4-34 所示。

表4-34　辞退员工经济补偿金统计表

周期	第一周期	第二周期	第三周期	第四周期	合计
经济补偿金	0	0	3	0	3

公司除了需要对被辞退人员进行经济补偿以外，还需对被辞退人员进行再就业培训，由培训开发主管在"员工培训费用统计表"(见附表 E-3)中填入相应的再就业培训费用。再就业培训费用统计表，如表 4-35 所示。

表4-35　再就业培训费用统计表

周期	第一周期	第二周期	第三周期	第四周期	合计
再就业培训费用	0	0	1	0	1

注意，每辞退一名员工，都需要对其进行再就业培训，并且在辞退员工当期进行。

总经理：根据所辞退的人员，将在定岗产品区域相应人员及其价值交给教师。

人力资源经理：根据被辞员工基本工资情况，给予一周期基本工资作为经济补偿金，并从人力资源经费处拿出相应的资金放置在"经济补偿金"处，如图 4-23 所示。

图4-23　经济补偿金放置处

培训开发主管：根据被辞退员工人数，结合再就业培训规则，从人力资源经理处申请相应数额的人力资源经费，放置在"再就业培训费用"处，如图4-24所示。

图4-24　再就业培训费用放置处

人力资源经理：确认"人力资源经费使用表"中的"经济补偿金"和"员工培训费用统计表"中的"再就业培训费用"等数额，在流程表相应的方格内填入数额即可，如表4-36所示。

表4-36　人力资源经理操作流程

	手工操作流程	操作角色	填写表格	记录(四个周期)			
				一	二	三	四
15	辞退——再就业培训	总经理｜人力资源经理｜培训开发主管	1-1/2-1/4-3	0	√	3+1	0

7. 员工培训

企业要增加产能和提高价值，除了人员招聘方式以外，还有一个更加稳定且可预期的方式，即技能提升培训。技能提升培训有以下几个优势：一是可提高员工的产能；二是可提高员工的价值；三是有预期地进行产能/价值提升。技能提升培训分为在岗培训和脱产培训两种方式，这两种方式的培训周期、培训费用等各不相同，公司可根据需要进行培训方式的选择。

技能提升培训除了可提高产能与价值以外，还可以提高员工等级。员工等级与价值是密切相关的，而员工的价值可以通过技能提升培训进行提升。例如，某B级员工的初始P1产能为6，初始价值为5，通过技能提升培训中的脱产培训，其每培训两周期就可提升一个产能。按照该计算，脱产培训八周期就可提升5个产能，即P1的产能为10，对应的价值为9。这已经达到了A级员工的初始产能和价值，则该B级员工升级为A级员工，拥有A级员工的所有产能、价值和对应的薪酬，称为员工的升级。

人力资源管理沙盘模拟中的员工除了有价值属性、产能属性以外，还有一个重要的属性——定岗属性。例如，有些企业需要注塑工，在招聘时就明确写明需要招聘注塑工，这就是定岗。当成功招聘注塑工并从事一段时间的工作后，若公司需要该注塑工从事质检工作，则其需要进行培训，即岗位轮换培训。

岗位轮换培训就是通过其他岗位工作内容和技能的培训，使从事原来工作的员工转而从事培训后的工作。当然，进行岗位轮换培训有一个重要的前提，就是该员工可以从事培训后的工作。套用人力资源管理沙盘模拟中的规定，如果 B 员工可以生产 P1、P2、P3 三种产品，那么 B 员工根据公司需要就可以通过岗位轮换培训的方式，在三种产品中进行转换，但由于其没有生产 P4 的能力，所以不能转岗到 P4 进行生产。简而言之，岗位轮换培训也可称为上岗资格证书的培训，就是员工本身拥有这种产能，但是需要通过岗位轮换培训进行激活，获得该岗位的上岗资格证书以后才可进行该产品的生产。当 B 员工从原来的 P1 产品岗位轮换到 P2 产品进行生产后，又从 P2 产品岗位轮换到 P1 产品时，同样要进行培训。

1) 培训开发主管操作方法

培训开发主管：根据公司战略需求，通过技能提升培训增加员工产能和价值，在"员工产能培训明细表"的相应编号的员工处填写相应费用，如表 4-37 所示。若需进行在岗培训，则在"在岗培训"处填入 2；若需进行脱产培训，则在"脱产培训"处填入 3。其中，现产能为目前员工所定岗位经过上一周期技能培训后的产能。技能提升培训有一定的延续性，如连续四个周期的在岗培训可提升一个产能，而若企业在岗培训三个周期后没有继续培训，则之前的培训无效且无法继续。

表4-37　员工产能培训明细表

员工编号	员工级别	员工定岗	原产能	第一周期				第二周期				第三周期				第四周期			
				技能提升培训		岗位轮换培训	现产能	技能提升培训		岗位轮换培训	现产能	技能提升培训		岗位轮换培训	现产能	技能提升培训		岗位轮换培训	现产能
				在岗培训	脱产培训			在岗培训	脱产培训			在岗培训	脱产培训			在岗培训	脱产培训		
001	B	P1	6				6	2			6	2			6	2			6

填表规则

(1) 员工编号：要与以前表中的数值保持一致。

(2) 原产能：该数值为员工无培训前的产能。

(3) 员工转岗产品与其费用相对应，其具体情况如下：转岗到 P1 费用为 1；转岗到 P2 费用为 3；转岗到 P3 费用为 5；转岗到 P4 费用为 7。

(4) 现产能：此数值是员工经过一周期培训后的产能。对 D 级员工进行在岗培训一周期就可增加 1 个产能，其他级别的员工则需进行二周期的在岗培训，才可增加 1 个产能；各级别员工只要进行一周期的脱产培训即可增加 1 个产能。

若需进行岗位轮换培训，则需先明确轮岗的目标岗位。不同目标岗位的费用各不相同，培训开发主管在"员工产能培训明细表"的相应编号的员工处填写目标岗位和相应费用即可，岗位轮换下期生效。

实现技能提升培训和岗位轮换培训后，需将当期支付的技能提升培训费用和岗位轮换培训费用进行汇总，计入"员工培训费用统计表"，如表 4-38 所示。

表4-38　员工培训费用统计表

项目	第一周期	第二周期	第三周期	第四周期	合计
在岗培训费用	0	2	2	2	6
脱产培训费用	0	0	0	0	0
岗位轮换培训费用	0	0	0	0	0
合计	0	2	2	2	6

填表规则

(1) 在岗培训：员工每经过四周期培训，所定岗的产能增加 1，同时并不影响当期生产。

(2) 脱产培训：脱产培训时，员工无产能，同时可进行岗位轮换培训。

(3) 岗位轮换培训：员工为生产其他产品进行的培训，培训完成后，员工生产能力改变，可以生产新产品，而不能生产原来的产品。

2) 培训开发主管盘面操作方法

培训开发主管：根据每周在岗培训与脱产培训的人次与费用，从人力资源经理处申请相应数额的人力资源经费，放置在"技能提升培训"处，放置过程中，应根据不同的周期进行放置，如图 4-25 所示。

图4-25　技能提升培训费用放置处

若进行了岗位轮换培训，则根据规则从人力资源经理处申请相应数额的人力资源经费，放置在"岗位轮换培训费用"处，如图 4-26 所示。

图4-26　岗位轮换培训费用放置处

3) 人力资源经理流程操作方法

人力资源经理：根据"员工产能培训明细表""员工培训费用统计表"中的在岗培训费用、脱产培训费用与岗位轮换培训费用等数额，在流程表相应的方格内填入数额即可，如表 4-39 所示。

表4-39　人力资源经理操作流程

手工操作流程		操作角色	填写表格	记录(四个周期)			
				一	二	三	四
16	技能提升培训｜岗位轮换培训｜升级	培训开发主管｜总经理	4-1/4-3/1-1	0	2	2	2

8. 参加人才招聘会

人才招聘是人力资源管理中最容易与其他公司产生冲突与竞争的环节。人力资源管理作为一个内部管理的重要机制，一直以来被误解为是只在公司内部进行管理的环节。随着人才的重要性不断提升，企业对人才的渴求度不断增加，人才的稀缺趋势不断蔓延，而招聘新鲜人才进入的通道，包括招聘渠道的选择、招聘时机的掌握、薪酬福利的体系等都存在着激烈的竞争，因此参加人才招聘会也是本沙盘的重要竞争中心之一。

1) 各角色操作方法

总经理：根据人力资源经理辞退决策，在"员工生产明细表"封存被辞退员工的编号，辞退后不再进行该编号下员工的正常生产。

招聘甄选主管：根据年初招聘计划进行招聘，并将招聘到的人员信息记录在人才招聘明细表中，如表 4-40 所示。

表4-40　人才招聘明细表

岗位设计	年基本工资		第一周期					第二周期					第三周期				
			①	②	③	④	⑤	①	②	③	④	⑤	①	②	③	④	⑤

①校园招聘；②人才交流中心招聘；③Internet 平台招聘；④传统媒体招聘；⑤猎头招聘

岗位设计	年基本工资			第一周期					第二周期	第三周期
0	0	A	岗位分析	0						
			数量							
			定岗							
			招聘费用							
			人才引进							
			津贴							
			年工资							
			成功与否							

(续表)

岗位设计	年基本工资			第一周期 ①	②	③	④	⑤	第二周期 ①	②	③	④	⑤	第三周期 ①	②	③	④	⑤
7	32	B	岗位分析	2										0				
			数量		1													
			定岗		P1													
			招聘费用		4													
			人才引进津贴		15													
			年工资		47													
			成功与否		✓													
5	20	C	岗位分析			0					1					1		
			数量							1					1			
			定岗							P2					P2			
			招聘费用							4					4			
			人才引进津贴							10					10			
			年工资							30					30			
			成功与否							✓					✓			
0	12	D	数量						1	1								
			定岗			P1												
			招聘费用						3	4								
			人才引进津贴						3	3								
			年工资						15	15								
			成功与否						✓	✓								

填表规则

(1) 数量：即招聘人数，数值可等于或小于某市场某周期供应的某级别的员工数量。例如，校园招聘市场在第一年第一周期 C 级员工供应量为 2 个，而我们可在校园招聘市场第一周期 C 级员工招聘数量一栏填写 1 或 2。

(2) 定岗：可根据公司战略需要定岗为 P1、P2、P3、P4 产品，但必须参照规则中员工每周期的初始产能情况及产品需求图来确定员工定岗，若无产能则无效，如 D 级员工只能定岗为 P1。员工定岗生产出来的产品如果市场没有需求，则产品生产出来也无效；招聘成功且定岗后，该员工在登记表时就要填写招聘时所定的岗位，不可随意更改。

(3) 招聘费用：招聘费用只与招聘市场和招聘次数相关，与招聘人数及成功与否无关。在同一周期，同一招聘渠道无论招聘 2 个还是 1 个 C 级员工，以及无论是否招聘成功，招聘费用都只需支付一次。

(4) 人才引进津贴：该数值一般为公司吸引人才所支付的一次性的人才引进费用。例如，在第一周期进入校园招聘市场招聘 C 级员工，填写数量为 2，若人才引进津贴为 M，则表示每个 C 级员工有 M 的人才引进津贴。

(5) 工资：工资=年基本工资+该员工人才引进津贴+奖金(在该表中奖金为 0)。例如，第二周期 C 级员工年基本工资为 20，人才引进津贴为 30，则 C 级员工的工资为(20+30)。

2) 各角色盘面操作方法

总经理：根据所辞退的人员，将在定岗产品区域的相应人员及其价值交给教师。

人力资源经理：根据被辞员工基本工资情况，给予一周期基本工资作为经济补偿金，并从人力资源经费处拿出相应的资金放置在"经济补偿金"处，如图 4-27 所示。

图4-27　经济补偿金放置处

培训开发主管：根据被辞退员工人数，结合再就业培训规则，从人力资源经理处申请相应数额的人力资源经费，放置在"再就业培训费用"处，如图 4-28 所示。

图4-28　再就业培训费用放置处

3) 人力资源经理流程操作方法

人力资源经理：根据"人力资源经费使用表"中的"经济补偿金"和"员工培训费用统计表"中的"再就业培训费用"等数额，在流程表相应的方格内填入数额即可，如表 4-41 所示。

表4-41　人力资源经理操作流程

手工操作流程		操作角色	填写表格	记录(四个周期)			
				一	二	三	四
17	参加人才招聘会	招聘甄选主管｜人力资源经理	3-1/3-2/2-1	4	11	4	0

9. 员工入职/新员工培训

当通过各种渠道获得所需人才后，公司首先需为入职员工办理相关手续及新员工培训。办理相关入职手续，顾名思义，就是将员工的相应信息进行登记。新员工培训是对员工进入公司后的第一轮培训，也是建立员工对企业第一印象的重要媒介。一般新员工培训包括制度的讲解、公司文化的宣讲、公司环境的熟悉，由于良好的第一印象将对员工的稳定性起重要作用，因此企业对新员工培训越来越重视，且不断地丰富着内容和形式。

1) 各角色流程操作方法

员工入职：需要办理入职手续，即总经理需将员工的编号、级别、产能计入"员工生产明细表"。同时培训开发主管也需要将员工的编号、级别、定岗、原产能计入"员工产能培训明细表"；绩效考评主管需将员工价值计入"员工人数及员工年末价值统计表"。完成以上手续后，员工入职手续办理才算完成。

培训开发主管：根据招聘甄选主管所招人员数量安排新员工培训，汇总新员工培训费用，计入"员工培训费用统计表"，如表 4-42 所示。

表4-42　员工培训费用统计表

周期	第一周期	第二周期	第三周期	第四周期	合计
新员工培训费用	1	3	1	0	5
合计	1	5	4	2	12

员工新加入公司后，必须经过培训才可以上岗。

2) 各角色盘面操作方法

培训开发主管：根据新员工培训费用的汇总，并从人力资源经费处拿出相应的资金放置在"新员工培训费用"处，如图 4-29 所示。

图4-29　新员工培训费用放置处

总经理：当所有的经理和主管办好入职手续后，根据招聘时所确定的员工定岗，放置在相应产品的"生产者"处，且将该员工的价值同样放在相应产品的"价值"处，如图4-30所示。

图4-30　员工与价值放置处

3) 人力资源经理流程操作方法

人力资源经理：根据"员工培训费用统计表""员工生产明细表""员工产能培训明细表" "员工人数及员工年末价值统计表"来确认员工入职完成后新员工培训费用的数额，在流程表相应的方格内填入数额即可，如表4-43所示。

表4-43　人力资源经理操作流程

	手工操作流程	操作角色	填写表格	记录(四个周期)			
				一	二	三	四
18	员工入职｜新员工培训	总经理｜培训开发主管｜人力资源经理	1-1/4-3/2-1	1	3	1	0

10. 运营生产

员工入职完成，并通过新员工培训正式上岗后，毫无疑问需要为企业产生效益，并获得相应报酬。由于每位员工都有各自的价值与产能，因此企业可以根据每周期产能进行生产，产出企业所需产品，这就是所谓的运营生产。

生产过程中会产生如原料采购费用、厂方租赁费用、生产线配置费用等，因为本沙盘主要体现人力资源管理的各大模块，为了不偏离主线，所以这里用产品综合成本模拟囊括了除人力资源管理成本外的所有成本。企业在生产产品、支付产品综合成本时，已经将其他的所有成本一并支付了，由于其为企业的整体产品成本，因此由总经费进行支付核算。

1) 员工生产明细表操作方法

总经理：根据最初的新年度规划会议中的产能规划，有序生产。其中，产能为该员工的最大生产能力，产量则为企业可调整的生产结果。员工产能可通过技能提升培训的方式增加，而企业除了可调整产量以外，其他均不可随意调整，包括定岗的产品、订立的薪酬等，即使是该员工生产的产品没有达到产能的最大值，原来规定的薪酬也需照常足额发放。

在企业生产中，将需要生产的产品计入"员工生产明细表"，如表4-44所示。

表4-44　员工生产明细表

员工编号	第一周期				离职	第二周期				离职	第三周期				离职	第四周期				离职
	级别	定岗	产能	产量		级别	定岗	产能	产量		级别	定岗	产能	产量		级别	定岗	产能	产量	
001	B	P1	6	6		B	P1	6	6		B	P1	6	6		B	P1	6	6	
002						C	P2	2	2		C	P2	2	2		C	P2	2	2	
003						D	P1	1	1		D	P1	1	0	辞					
004						D	P1	1	1		D	P1	1	1		D	P1	1	1	
005											C	P2	2	2		C	P2	2	2	

(1) 产能/产量：产能是指员工所定岗位产品的生产能力，而产量则可等于或小于该产能，即总经理可根据公司情况调整产品生产数量，但不影响员工薪酬的支付。例如，编号 001 的 B 级员工定岗 P1，其产能由规则中员工每周期初始产能情况可得是 6，公司可以根据自己的经营情况调整生产状态，也可以通过对员工的技能培训提高员工的产能。

(2) 期末合计：期末合计是每周期末对公司生产各类产品数量的统计。

(3) 年中合计：年中合计是第二周期期末对公司第一周期、第二周期生产的各类产品数量的统计。

(4) 年末合计：全年合计是对公司一年生产的各类产品的数量的统计。

公司在进行生产过程中，需要支付相应产品的综合成本，从总经费中支付，计入"总经费收支明细表"，如表 4-45 所示。

表4-45　总经费收支明细表

周期	第一周期	第二周期	第三周期	第四周期	合计
产品综合成本	24	44	52	52	172

产品综合成本根据规则上的单个产品的综合成本和公司的生产数量来计算。

2) 各角色盘面操作方法

总经理：根据之前的生产计划的安排与执行，汇总计算出产品综合成本，从总经费中取出相应数额的资金放入"产品综合成本"处，如图 4-31 所示。当总经理支付产品综合成本后，应从教师处拿取相应的产品币放置于"产品"处，如图 4-32 所示。

图4-31　产品综合成本放置处

图4-32　产品放置处

3) 人力资源经理流程操作方法

人力资源经理：根据"员工生产明细表""总经费收支明细表"中员工生产的完成情况及产品综合成本的数额，在流程表相应的方格内填入数额和打"√"即可，如表4-46所示。

表4-46　人力资源经理操作流程

	手工操作流程	操作角色	填写表格	记录(四个周期)			
				一	二	三	四
19	运营生产｜结算周期产量	总经理	1-1	√	√	√	√
20	支付产品综合成本｜总经费支付	总经理	1-2	24	44	52	52

11. 支付员工薪酬

在市场经济中，劳动者付出了劳动，就应该获得相应的劳动报酬。拖欠员工工资在法律上属于违法行为，因此员工帮助企业生产出相应产品后，企业应根据之前订立的工资标准进行发放。

由于我国社会保障制度的不断完善，为企业员工缴纳社会保险已经是企业的法律责任，因此，除了发放正常的工资以外，企业应根据员工工资标准缴纳相应比例的社会保险金额，这是法律规定的福利，不随着企业的利润高低而上下调整，而是以企业员工的基本工资与绩效奖金之和为基数，按照一定比例进行缴纳。

1) 员工薪酬明细表操作方法

薪酬福利主管：根据第一周期的各级别员工年基本工资、招聘甄选主管所指定的人才引进津贴、基本工资相应比例的法定福利、绩效奖金等指标支付薪酬，在"员工薪酬明细表"中逐一进行填写，如表4-47所示。

表4-47　员工薪酬明细表

员工编号	第一周期							第二周期							第三周期							第四周期						
	员工级别	基本工资	人才引进津贴	定岗	法定福利	产能增量	绩效奖金	员工级别	基本工资	人才引进津贴	定岗	法定福利	产能增量	绩效奖金	员工级别	基本工资	人才引进津贴	定岗	法定福利	产能增量	绩效奖金	员工级别	基本工资	人才引进津贴	定岗	法定福利	产能增量	绩效奖金
001	B	8	15	P1	3			B	8		P1	3			B	8		P1	3			B	8		P1	3		
002								C	5	10	P2	2			C	5		P2	2			C	5		P2	2		
003								D	3	3	P1	1																
004								D	3	3	P1	1			D	3		P1	1			D	3		P1	1		
005															C	5	10	P2	2			C	5		P2	2		
基本工资		8							19							21							21					
人才引进津贴			15							16							10							0				
法定福利					3							7							8							8		
绩效奖金							0							0							0							0
年末总计	基本工资		69					人才引进津贴		41					法定福利		26					绩效奖金		0				

填表规则

(1) 员工编号/员工级别/定岗：与以前表中对应，使用方式相同。

(2) 基本工资：其数值根据员工薪酬明细表中周期基本工资均等支付。例如，表4-47中B级员工年度基本工资为32，每周期支付额为8。

(3) 人才引进津贴：与招聘甄选主管用表中人才引进津贴一栏相对应，为一次性全额支付。

(4) 产能增量：与员工生产明细表中的产量一栏对应，即员工定岗产品产量高于同级别员工初始能力的额外数量。无论公司是否使用了该能力，都需支付绩效奖金，绩效奖金=产能增量×单个产品奖金(1/P1，2/P2，5/P3，8/P4)；若员工级别升级，则不再支付奖金。

(5) 表下端的"基本工资""人才引进津贴""法定福利""绩效奖金"一行，分别为每周期期末对此四部分的合计。年末总计中的"基本工资""人才引进津贴""法定福利""绩效奖金"则是对一年四周期的合计。

另外，还需对各级别员工的工资进行汇总统计，计入"各级别员工薪酬汇总统计表"，如表4-48所示。

表4-48 各级别员工薪酬汇总统计表

	岗位	第一周期	第二周期	第三周期	第四周期	实发合计	
员工薪酬	A级员工	0	0	0	0	0	员工薪酬小计
	B级员工	23	8	8	8	47	
	C级员工	0	15	20	10	45	
	D级员工	0	12	3	3	18	
	合计	23	35	31	21	110	136
	员工法定福利	3	7	8	8	26	

2) 薪酬福利主管盘面操作方法

薪酬福利主管：根据薪酬表中各级人员的工资发放情况，结合汇总后的数据，向人力资源经理申请员工工资金额，放置于"员工工资"处，如图4-33所示。再根据员工的法定福利情况，结合汇总后的数据，向人力资源经理申请员工法定福利金额，放置于员工法定"福利费用"处，如图4-34所示。

图4-33 员工工资放置处

图4-34 员工法定福利放置处

3) 人力资源经理流程操作方法

人力资源经理：根据"员工薪酬明细表""各级别员工薪酬汇总统计表"中工资与法定福利等数额，在流程表相应的方格内填入数额即可，如表4-49所示。

表4-49　人力资源经理操作流程

	手工操作流程	操作角色	填写表格	记录(四个周期)			
				一	二	三	四
21	支付员工工资	薪酬福利主管/人力资源经理	5-2/5-4/2-1	23	35	31	21
22	支付员工法定福利	薪酬福利主管/人力资源经理	5-2/5-3/2-1	3	7	8	8

12. 支付管理人员薪酬

管理人员的薪酬一直是企业薪酬体系中非常重要的一环，同样也是非常难权衡的一环。由于其特殊性，本沙盘结合管理人员的价值和现实企业中的职级工资概念，设计出了每个价值所对应的基本工资。例如，价值为 9 的总经理，其所对应的年基本工资为48K，分四期进行支付。当然，管理人员与普通员工一样，也有国家社会保障体系的保护，根据法律规定，以管理人员的基本工资为基数，按照一定比例进行缴纳。

1) 管理人员的薪酬表操作方法

薪酬福利主管：根据管理人员的价值所对应的年度基本工资分四周期进行支付，同时根据基本工资数额的 32%支付法定福利，计入"管理人员的薪酬表"，如表 4-50 所示。

表4-50　管理人员的薪酬表

年初管理人员价值	年度管理人员基本工资	岗位	第一周期		第二周期		第三周期		第四周期		实发合计	
			基本工资	法定福利	基本工资	法定福利	基本工资	法定福利	基本工资	法定福利	基本工资	法定福利
9	48	总经理	12	4	12	4	12	4	12	4	48	16
6	36	人力资源经理	9	3	9	3	9	3	9	3	36	12
3	24	招聘甄选主管	6	2	6	2	6	2	6	2	24	8
3	24	培训开发主管	6	2	6	2	6	2	6	2	24	8
3	24	绩效考评主管	6	2	6	2	6	2	6	2	24	8
3	24	薪酬福利主管	6	2	6	2	6	2	6	2	24	8
合计	180	合计	45	15	45	15	45	15	45	15	180	60

2) 薪酬福利主管盘面操作方法

薪酬福利主管：根据薪酬表中的各管理人员基本工资发放情况，结合汇总后的数据，向人力资源经理申请管理人员基本工资金额，放置于各管理人员"基本工资"处，如图 4-35 所示。再根据管理人员的法定福利情况，结合汇总后的数据，向人力资源经理申请管理人员法定福利金额，放置于管理人员法定"福利费用"处，如图 4-36 所示。

图4-35   管理人员基本工资放置处

图4-36   管理人员法定福利放置处

3) 人力资源经理流程操作方法

人力资源经理：确认"管理人员的薪酬表"中管理人员基本工资和法定福利等数额，在流程表相应的方格内填入数额即可，如表 4-51 所示。

表4-51   人力资源经理操作流程

	手工操作流程	操作角色	填写表格	记录(四个周期)			
				一	二	三	四
23	支付管理人员基本工资	薪酬福利主管/人力资源经理	5-3/2-1	45	45	45	45
24	支付管理人员法定福利	薪酬福利主管/人力资源经理	5-3/2-1	15	15	15	15

13. 产品交货

通过大半个周期的执行，终于到了产品交货，实现产品价值的时候，下面我们再来回顾一下在产品交货之前所进行的所有流程。

- 公司通过结合当年市场需求，举办新年度规划会议，制定当年的发展战略。
- 根据战略对公司有限资金进行分配，分为人力资源经费与总经费。
- 为实现产能需求，执行招聘策略，做足招聘前各项准备，进行岗位分析与设计。
- 制定和调整当年的员工薪酬体系，保持薪酬体系对内公平，对外有竞争力。
- 通过技能提升培训和岗位轮换培训，实现产能上升和灵活生产。
- 执行招聘策略，通过挖人和人才招聘方式招聘相应人员，满足产能需求。
- 新员工入职和新员工培训，实现员工正式工作。
- 运营生产，结算产量，并支付产品综合成本，获得产品。

● 支付员工薪酬和管理人员薪酬，实现薪酬支付。

完成以上所有步骤后，才正式进入产品交货阶段。虽然从表面上来看，以上各步骤与产品交货有直接关系的只有运营生产，但是实际上所有流程都指向一个目标——产品交货。为什么这么说呢？很简单，因为每一个步骤都是通过各种方式实现年初制定的产能规划，不管是薪酬、招聘、培训还是资金分配，都以实现战略规划中的产品交货及实现公司利润为目标。本沙盘模拟中的产品交货遵循了一个非常古老的劳动经济学理论——供求平衡。

供求平衡就是要根据市场消费需求的变化，及时调整生产结构，在商品供给量与商品购买力之间出现差额(供过于求或供不应求)时，采取积极有效的措施，组织起符合客观实际的市场商品供求平衡。

在此期间，若供过于求，则消费者就有更多的选择空间，因为企业为了将产品销售出去就会降价。相反，若供不应求，则消费者为了满足自己的刚性需求，即使产品价格提高，消费者也愿意购买。

本沙盘设计两个交货周期，分别是第二和第四周期，每个交货周期都有相应的市场需求和参考价格，具体可以查看规则。

1) 公司销售统计表操作方法

总经理：根据市场提供的需求表和产量进行自主交货，填入"公司销售统计表"，如表 4-52 所示。

表4-52　公司销售统计表

产品	年中交货				年末交货				销售收入合计
	年中市场需求量	交货量	收购价	销售收入	年末市场需求量	交货量	收购价	销售收入	
P1	105	14	17	238	126	14	19	266	504
P2	45	2	35	70	78	8	28	224	294
P3									
P4									
合计				308				490	798

(1) 年中市场需求量是一年的第二周期市场对各类产品的需求量(此数据可通过产品市场需求图得知)。

(2) 年中的交货量可由公司自行决定，由于规则规定一年的年末不可以有存货，所以年末交货时必须把产品全部交掉。

(3) 销售收入。

$$销售收入=交货量×收购价$$

$$产品市场收购价格 = \left[1 + \frac{市场需求量 - 实际交货量}{市场需求量}\right] \times 各类产品市场参考价$$

(4) 年末市场需求量。

年末市场需求量=全年市场需求量－市场年中各公司的实际交货量(该数据一般由教师给出)

教师：根据各公司总经理所提交的交货明细，填入"销售统计表"，计算出市场收购价格，并告知总经理，计算自身的销售收入，如表 4-53 所示。

表4-53　销售统计表

统计分析					G1		G2		G3		G4		G5		G6
	产品类型	市场需求量	实际交货量	收购价格	交货量	销售收入	交货量	销售收入	交货量	销售收入	交货量	销售收入	交货量	销售收入	交货量	销售收入
第二周期	P1	105	84	17	14	238	14	238	14	238	14	238	14	238	14	238
	P2	45	12	35	2	70	2	70	2	70	2	70	2	70	2	70
	P3															
	P4															
	合计					308		308		308		308		308		308
第四周期	P1	126	84	19	14	266	14	266	14	266	14	266	14	266	14	266
	P2	78	48	28	8	224	8	224	8	224	8	224	8	224	8	224
	P3															
	P4															
	合计					490		490		490		490		490		490

总经理：获知各产品的收购价格后，计算出本公司的销售收入，并填入"总经费收支明细表"销售收入处，如表 4-54 所示。

表4-54　总经费收支明细表

周期	第一周期	第二周期	第三周期	第四周期	合计
销售收入		308		490	798

2) 各角色盘面操作方法

总经理：根据交货单中的产品交货数量，将图 4-37 中公司内的产品交给教师，并从教师处获得相应销售收入，放置在"总经费"处，如图 4-38 所示。

图4-37　产品放置处　　　　　图4-38　销售收入放置处

3) 人力资源经理流程操作方法

人力资源经理：确认"公司销售统计表"(见附表 B-3)中销售收入的数额，在流程表相应的方格内填入数额即可，如表 4-55 所示。

表4-55　人力资源经理操作流程

手工操作流程		操作角色	填写表格	记录(四个周期)			
				一	二	三	四
25	产品交货(销售收入计入总经费)	总经理	1-3/1-2		308		490

14. 清仓

根据规则的规定，在年末时各企业都不允许有库存的情况，因此，在第四期期末时必须对生产过剩的产品进行清仓处理。

1) 产品处理总收入表格操作方法

总经理：在每年结束前，总经理需要对未销售出去的产品进行清仓处理，在"产品库存处理表"中统计各类产品库存量，然后按照各类产品相应的处理单价，计算出相应的"产品处理总收入"，如表 4-56 所示。

表4-56　产品库存处理表

产品	P1	P2	P3	P4
产品库存量	0	0	0	0
产品处理单价	3.6	4.6	6.2	7.8
产品处理收入	0	0	0	0
产品处理总收入	0			

根据产品清仓收入，在"总经费收支明细表"相应栏内填入产品库存处理收入，如表4-57所示。

表4-57 产品库存处理收入

周期		第一周期	第二周期	第三周期	第四周期	合计
销售收入	清仓收入				0	0

2) 总经理盘面操作方法

总经理：将需要清仓的产品计算好相应的库存处理收入交于教师，并领取相应的清仓收入交于总经理，计入"总经费"中，如图4-39和图4-40所示。

3) 人力资源经理流程操作方法

人力资源经理：根据"总经费收支明细表"中的清仓处理收入，在流程表相应栏中填入相应的经费额度，如表4-58所示。

图4-39 清仓产品放置处

图4-40 清仓收入放置处

表4-58 人力资源经理操作流程

手工操作流程		操作角色	填写表格	记录(四个周期)			
				一	二	三	四
26	期末统计/清仓	总经理	1-4/1-3/1-2				

15. 支付综合运营费用

企业在生产经营过程中会发生诸如办公费、财务费等管理费用。在沙盘经营企业中，综合运营费用在每年结束时支付，支付额为10K，无论企业经营情况好坏、业务量多少，都是固定不变的，这是与实际工作的差异之处。

1) 综合运营费用表操作方法

总经理：年末支付综合运营费用，在"总经费收支明细表"中填入10K的综合运营费用。综合运营费用表，如表4-59所示。

表4-59　综合运营费用表

周期	第一周期	第二周期	第三周期	第四周期	合计
综合运营费用				10	10

2) 总经理盘面操作方法

总经理：从总经费中取出 10K 放入"综合运营费用"处，如图 4-41 所示。

图4-41　综合运营费用放置处

3) 人力资源经理流程操作方法

人力资源经理：根据"总经费收支明细表"中综合运营费用等数额，在流程表相应的方格内填入 10 即可，如表 4-60 所示。

表4-60　人力资源经理操作流程

手工操作流程		角色分工	填写表格	记录(四个周期)			
				一	二	三	四
27	支付综合运营费用	总经理｜人力资源经理	1-2/2-2				10

16. 人力资源经费回账额

年初时，可能会有人力资源经理申请的人力资源经费过多，而使企业在运营过程中产生总经费不足的情况，这时就需要从人力资源经费中回账，在进行此项操作时也会产生一定的损失。

1) 人力资源经费回账表操作方法

总经理：在"总经费收支明细表"的"人力资源经费回账额"栏内填入需要申请的回账额。人力资源经费回账额申请表，如表 4-61 所示。

表4-61　人力资源经费回账额申请表

周期	第一周期	第二周期	第三周期	第四周期	合计
人力资源经费回账额	0	0	0	0	0

人力资源经理：根据总经理报给的金额，在"人力资源经费使用表"的"人力资源经费回账额"栏内填入相应的申请经费，在"回账经费损失额"栏内填入相应的损失额(10%)，如表 4-62 所示。

表4-62 人力资源经费使用表

周期	第一周期	第二周期	第三周期	第四周期	合计
人力资源经费回账额	0	0	0	0	0
回账经费损失额	0	0	0	0	0

人力资源经费回账额是由于公司经费短缺，人力资源经费充裕造成资金倒挂现象而采取的非正常措施，即从人力资源经费中调回一部分资金，注入公司经费，并产生一定的回账损失。

2) 各角色盘面操作方法

人力资源经理：根据总经理上报的金额，从"人力资源经费"处拿出相应的经费，将损失额放置在盘面"其他费用"处，将减掉损失额的"人力资源经费回账额"交给总经理，如图4-42所示。

总经理：把人力资源经理处领取的"人力资源经费回账额"放置在盘面"总经费"中，如图 4-43 所示。

图4-42   回账经费放置处

图4-43   回账额放置处

3) 人力资源经理流程操作方法

人力资源经理：根据"人力资源经费使用表"中填入的申请额与损失，在流程表相应栏中填入相应的经费额度，如表 4-63 所示。

表4-63   人力资源经理操作流程

	手工操作流程	角色分工	填写表格	记录(四个周期)			
				一	二	三	四
28	人力资源经费回账｜支付回账损失	人力资源经理｜总经理	2-1/1-1	0	0	0	0
29	支付回账经费损失	人力资源经理｜总经理	2-1/1-1	0	0	0	0

17. 紧急市场营销运营经费申请

经费在使用过程中，可能会产生人力资源经费不足的情况，这时候就需要向总经理紧急申请人力资源运营经费，在进行这项操作时会产生一定的紧急经费损失。因此，在此提醒人力资源经理，要在公司年初时尽量把控好人力资源经费的申请额度，避免不必要的损失。

1) 紧急经费损失额表格操作方法

人力资源经理：在"人力资源经费使用表"中的"紧急人力资源经费申请额"栏内填入需要申请的经费，在"紧急经费损失额"栏内填入所要申请经费相应的损失(10%)。申请紧急经费表，如表 4-64 所示。

表4-64　申请紧急经费表

周期	第一周期	第二周期	第三周期	第四周期	合计
紧急人力资源经费申请额	0	0	0	0	0
紧急经费损失额	0	0	0	0	0

总经理：在"总经费收支明细表"中的"紧急人力资源经费申请额"栏内填入人力资源经理所申请的经费。紧急人力资源经费申请表，如表 4-65 所示。

表4-65　紧急人力资源经费申请表

周期	第一周期	第二周期	第三周期	第四周期	合计
紧急人力资源经费申请额	0	0	0	0	0

2) 各角色盘面操作方法

总经理：根据人力资源经理申请的"紧急人力资源经费申请额"，从盘面"总经费"中支出相应的金额，交于人力资源经理。

人力资源经理：从总经理处领来"紧急人力资源经费申请额"，放置在"人力资源经费"处，如图 4-44 所示，其中 10%的紧急经费损失放置在"其他费用"处，如图 4-45 所示。

图4-44　紧急人力资源经费申请额放置处

图4-45　紧急经费损失放置处

3) 人力资源经理流程操作方法

人力资源经理：根据"人力资源经费使用表"中填入的申请额与损失，在流程表相应栏中填入相应的经费额度，如表4-66所示。

表4-66　人力资源经理操作流程

	手工操作流程	角色分工	填写表格	记录(四个周期)			
				一	二	三	四
30	紧急人力资源经费申请	人力资源经理	2-1	0	0	0	0
31	支付紧急经费损失	人力资源经理	2-1	0	0	0	0

18. 期末经费盘点

由于本沙盘中的资金有限，因此每K的资金都应该用在"刀刃"上。每期期末都需要对当期的费用支付与结余有一个详细盘点，了解在期初制定的策略与期末的资金结余之间的内在关系，分析期初策略的前瞻性和漏洞，在后面的经营过程中扬长避短，合理利用资金。

1) 经费使用表操作方法

总经理：根据"总经费使用表"中经费支出及收入的情况，对每一期的经费成行汇总，如表4-67所示。

表4-67　总经费使用表

年初总经费/上年度剩余总经费	1000	人力资源经费申请额		500	
周期	第一周期	第二周期	第三周期	第四周期	合计
期初总经费	500	476	740	688	
紧急人力资源经费申请额	0	0	0	0	0
人力资源经费回账额	0	0	0	0	0
员工被挖补偿金	0				0
产品综合成本	24	44	52	52	172
销售收入		308		490	798
综合运营费用				10	10
期末总经费余额	476	740	688	1116	

填表规则

(1) 第一期期初总经费=年初总经费÷上年度剩余总经费 - 人力资源经费申请额。

(2) 期末剩余总经费=期初总经费 - 紧急人力资源经费申请额+人力资源经费回账额+员工

被挖补偿金－产品综合成本+销售收入－综合运营费用。

(3) 年末剩余总经费=第四期期末剩余总经费。

人力资源经理：根据"人力资源经费使用表"中支出和收入的情况，对每一期的经费成行汇总，如表4-68 所示。

表4-68　人力资源经费使用表

上年度人力资源剩余经费	0	人力资源经费申请额	500	企业福利	0
管理人员奖金	0	企业文化培训费用		0	
周期	第一周期	第二周期	第三周期	第四周期	合计
期初人力资源经费	500	395	276	165	
工作分析费用	14	1	1	0	16
挖人补偿金	0				0
经济补偿金	0	0	3	0	3
招聘费用	4	11	4	0	19
培训费用	1	5	4	2	12
员工工资	23	35	31	21	110
员工法定福利	3	7	8	8	26
管理人员基本工资	45	45	45	45	180
管理人员法定福利	15	15	15	15	60
紧急人力资源经费申请额	0	0	0	0	0
紧急经费损失	0	0	0	0	0
人力资源经费回账额	0	0	0	0	0
回账经费损失	0	0	0	0	0
期末人力资源经费支出合计	105	119	111	91	426
期末剩余人力资源经费	395	276	165	74	
超额经费损失				0	
年度人力资源成本				426	
年末人力资源剩余经费				74	

填表规则

(1) 第一期期初人力资源经费=上年度剩余人力资源经费+人力资源经费申请额。

(2) 期末人力资源经费支出合计=工作分析费用+挖人补偿金+经济补偿金+招聘费用+培训费用+员工工资+员工法定福利+管理人员基本工资+管理人员法定福利+紧急经费损失+人力资

源经费回账额+回账经费损失。

(3) 期末剩余人力资源经费=期初人力资源经费－期末人力资源经费支出合计+紧急人力资源经费申请额。

2) 各角色盘面操作方法

总经理：对盘面总经费进行核对。

人力资源经理：对盘面营销经费进行核对。

3) 人力资源经理流程操作方法

人力资源经理：根据"总经费收支明细表""人力资源经费使用表"进行汇总统计，在流程表中填入相应的数据，如表4-69所示。

表4-69　人力资源经理操作流程

	操作流程	角色分工	填写表格	记录(四个周期)			
				一	二	三	四
32	期末人力资源经费支出合计	人力资源经理	2-1	105	119	111	91
33	期末人力资源经费余额对账	人力资源经理	2-1	395	276	165	74
34	期末总经费支出合计	总经理	1-2	24	44	52	62
35	期末总经费余额对账	总经理	1-2	476	740	688	1116

4.2.3　年末工作

1. 超额经费损失额

在每年年末，人力资源经理需要计算本年度剩余的人力资源经费，避免因人力资源经理申请的经费过多，使企业的总资金没有得到合理、科学的使用，而导致企业在市场上错失良机。

1) 人力资源超额经费损失表操作方法

人力资源经理：在"人力资源超额经费损失"表栏内填写相应的超额经费损失额，如表4-70所示。

表4-70　人力资源超额经费损失

周期	第一周期	第二周期	第三周期	第四周期	合计
超额经费损失				0	0

2) 人力资源经理盘面操作方法

人力资源经理：超额经费损失从"人力资源经费"中支出，放置在"其他费用"处，如

图 4-46 所示。

图4-46　超额经费损失放置处

3) 人力资源经理流程操作方法

人力资源经理：根据"人力资源经费使用表"中收入的申请额与损失，在流程表相应栏中填入经费额度即可，如表 4-71 所示。

表4-71　人力资源经理操作流程

手工操作流程		操作角色	填写表格	记录(四个周期)			
				一	二	三	四
36	支付超额损失	人力资源经理	2-1/2-2				0

2. 年末人力资源剩余经费

公司应在年末及时核算剩余经费，为下一年度的资金运用和人力资源经费申请做好充足准备。

1) 人力资源经理经费使用表操作方法

人力资源经理：根据规则，人力资源经理计算本年度的人力资源成本，在"人力资源经费使用表"中填写相关数据，如表 4-72 所示。

表4-72　人力资源经费使用表(部分)

周期	第一周期	第二周期	第三周期	第四周期	合计
年度人力资源成本				426	
年末人力资源剩余经费				74	

填表规则

(1) 年度人力资源成本=工作分析费用+挖人补偿金+经济补偿金+招聘费用+培训费用+员工工资+员工法定福利+管理人员基本工资+管理人员法定福利+紧急经费损失+人力资源经费回账额+回账经费损失=每期期末人力资源经费支出合计。

(2) 年末剩余人力资源经费=第四期期末人力资源经费－超额经费损失额。

2) 人力资源经理流程操作方法

人力资源经理：根据"人力资源经费使用表"中收入的申请额与损失，在流程表相应栏中填入经费额度即可，如表 4-73 所示。

表4-73　人力资源经理操作流程

手工操作流程		操作角色	填写表格	记录(四个周期)			
				一	二	三	四
37	年末人力资源剩余经费	人力资源经理	2-1				74

3. 员工流失状况统计

员工流失属于员工离职的一种方式，与员工辞退行为相反：员工辞退为公司主动行为，员工被动接受，而员工流失是员工主动行为，公司被动接受；员工辞退为公司主动调整员工结构所做出的决策，而员工流失为员工对现状不满，是一种"用脚投票"最为生动的表现。本沙盘中，当员工的基本工资低于市场平均的基本工资后，会有一部分员工自动流失，企业无法挽留，这种流失对企业来说是一种严重损失，具体如下。

● 在员工身上所支付的招聘费用、培训费用和薪酬等随着员工流失而损失。

● 员工的流失，造成产能的下降，影响下年度公司发展战略规划。

● 按照规则会优先流失产能高的员工，这对公司是另外一种打击和损失。

● 员工流失对公司管理人员在信心方面是一个较大程度的打击。

除了以上几个明显的损失以外，还有一些潜在的劣势，如因为员工的流失，造成当年整体员工价值的下降、影响评分等。因此，如何保持员工队伍的稳定，是各位管理人员亟须考虑的问题。

1) 各角色表格操作方法

薪酬福利主管：根据第一周期所指定的各类型员工的基本工资，报给人力资源经理，如表 4-74 所示。

表4-74　各类型员工的基本工资

员工级别	上一年期基本工资	调整后当年期基本工资
A	0	0
B	0	8
C	0	4
D	0	3

人力资源经理：汇总薪酬福利主管的薪酬标准，结合绩效考评主管所给出的各级员工人数，报给教师。

教师：汇总各公司所报数据，填入"员工流失统计表"，根据规则，给出各公司各类型人员流程数据，如表 4-75 所示。

表4-75　员工流失统计表

公司	G1			G2			G3			G4			G5			G6			统计		
员工级别	期基本工资	人数	流失人数	期基本工资	人数	流失人数	期基本工资	人数	流失人数	期基本工资	人数	流失人数	期基本工资	人数	流失人数	期基本工资	人数	流失人数	期基本工资总数	总人数	平均期基本工资
A																					
B																					
C																					
D																					

总经理：根据教师给出的流失数据，对各个员工做流失处理，在"员工离职统计表"中的流失人员离职状态处填上"流"，如表 4-76 所示。

表4-76　员工离职统计表

员工编号	第一周期				离职	第二周期				离职	第三周期				离职	第四周期				离职
	级别	定岗	产能	产量		级别	定岗	产能	产量		级别	定岗	产能	产量		级别	定岗	产能	产量	
001	B	P1	6	6		B	P1	6	6		B	P1	6	6		B	P1	6	6	
002						C	P2	2	2		C	P2	2	2		C	P2	2	2	
003						D	P1	1	1		D	P1	1	0	流					
004						D	P1	1	1		D	P1	1	1		D	P1	1	1	
005						C	P2	2	2							C	P2	2	2	

2) 总经理角色盘面操作方法

总经理：根据所流失的人员，将在定岗产品区域相应人员及其价值交给教师。

3) 人力资源经理流程操作方法

人力资源经理：根据"员工生产明细表"中人员流失完成情况，在流程表相应框中打"√"即可，如表 4-77 所示。

表4-77　人力资源经理操作流程

	手工操作流程	操作角色	填写表格	记录(四个周期)			
				一	二	三	四
38	员工流失状况统计	教师	5-1/7-3				√

4. 绩效考核

绩效考核主要是针对管理人员进行的考核，是判断管理人员价值增加或减少的核心标准。在现实人力资源管理中，绩效考核本身就是非常难以定量的，现在还没有一种统一的方式能有效地进行绩效考核，各大企业中 KPI(关键绩效指标法)和 BCS(平衡积分卡法)的使用是较为常见的绩效考核的方式。现在更多的管理学家甚至把企业的整体运行管理当作一个多维度、多广度的绩效管理，可见绩效管理的重要性和复杂度。

本沙盘主要借用了 KPI 的思想，为每位管理人员设计了经典且符合职位特点的关键绩效指标，下面根据这些指标来判定管理人员的价值变化。

1) 各角色表格操作方法

绩效考核主管：结合规则，计算出每位管理人员的关键绩效指标得分，填入"管理人员绩效考核表"，如表 4-78 所示。

表4-78　管理人员绩效考核表

职位	总经理	人力资源经理	招聘甄选主管	培训开发主管	绩效考评主管	薪酬福利主管	合计
年初管理人员价值	9	6	3	3	3	3	27
指标数据							

年初管理人员价值：该数值为本年考核前管理人员价值。

教师要汇总各公司所报数据，根据规则，给出各公司管理人员的绩效考核结果，填入"绩效考核汇总表"，如表 4-79 所示。

表4-79　绩效考核汇总表

	总经理		人力资源经理		招聘甄选主管		培训开发主管		薪酬福利主管		绩效考评主管	
	指标数据	价值增减	指标数据	价值增减	指标数据	价值增减	指标数据	价值增减	指标数据	价值增减	价值增减平均值	价值增减
G1												
G2												

(续表)

	总经理		人力资源经理		招聘甄选主管		培训开发主管		薪酬福利主管		绩效考评主管	
	指标数据	价值增减	指标数据	价值增减	指标数据	价值增减	指标数据	价值增减	指标数据	价值增减	价值增减平均值	价值增减
G3												
G4												
G5												
G6												
平均值												

绩效考评主管：根据教师所给出的绩效考核结果，填入"管理人员的绩效考核结果汇总表"，绩效考核就完成了，如表 4-80 所示。

表4-80　管理人员的绩效考核结果汇总表

职位	总经理	人力资源经理	招聘甄选主管	培训开发主管	绩效考评主管	薪酬福利主管	合计
绩效价值	0	0	0	0	0	0	0
年末管理人员价值	9	6	3	3	3	3	27

(1) 绩效价值：该数值为本年年末绩效考核后增加的价值。

(2) 年末管理人员价值：即当年价值与绩效价值之和。

2) 绩效考评主管盘面操作方法

绩效考评主管：根据绩效考核的结果，若管理人员有价值增减，则从相应角色下拿出价值交给教师或从教师处拿来价值放置在对应管理人员处，如图 4-47 所示。

图4-47　绩效考核价值放置处

3) 人力资源经理流程操作方法

人力资源经理：根据"人力资源经费使用表"中收入的申请额与损失，在流程表相应栏中填入经费额度即可，如表4-81所示。

表4-81　人力资源经理操作流程

手工操作流程		操作角色	填写表格	记录(四个周期)			
				一	二	三	四
39	绩效考核	绩效考评主管	6-1				√

5. 员工人数及年末价值统计

作为人力资源管理模拟沙盘，员工当然是最为重要的资源，因此每年年底对所有在职员工各级人员的人数和价值进行考核统计是必不可少的。

1) 员工人数及员工年末价值统计表操作方法

绩效考评主管：根据员工的编号、级别、价值变化与状态填写"员工人数及员工年末价值统计表"，如表4-82所示。

表4-82　员工人数及员工年末价值统计表

序号	员工编号	员工级别	年初员工价值	年末员工价值	员工状态
1	001	B		5	
2	002	C		2	
3	004	D		0	
4	005	C		2	
人数总计	4	价值合计	0	9	

(1) 员工价值：员工初始价值一定，不同级别员工初始价值不同。

(2) 员工每经过一次培训，产能加1，同时员工价值加1。

(3) 员工状态：可填写在职、流、挖等。

2) 绩效考评主管盘面操作方法

绩效考评主管：负责将"员工人数及员工年末价值统计表"与图4-48中的人员和价值进行核对。

图4-48　各类人员和价值放置处

3) 人力资源经理流程操作方法

人力资源经理：根据"员工人数及员工年末价值统计表"中统计完成情况，在流程表相应栏中打"√"即可，如表 4-83 所示。

表4-83　人力资源经理操作流程

	手工操作流程	操作角色	填写表格	记录(四个周期)			
				一	二	三	四
40	提交员工人数及员工年末价值统计表	绩效考评主管	6-2				√

6. 数据汇总与梳理

公司管理人员除了要掌握各级人员的情况以外，还需要掌握经过一年的经营，各类数据的情况，包括管理费用、薪酬情况及利润，对企业各个方面做一个整体梳理，找出不足，以便在下一年的经营中改进。

1) 各级人员薪酬表操作方法

薪酬福利主管：重新核算一遍"薪酬表"，避免数据出错和漏洞。各级人员薪酬表，如表 4-84 所示。

表4-84　各级人员薪酬表

	岗位	第一周期	第二周期	第三周期	第四周期	实发合计	
员工薪酬	A 级员工	0	0	0	0	0	员工薪酬小计
	B 级员工	23	8	8	8	47	
	C 级员工	0	15	20	10	45	
	D 级员工	0	12	3	3	18	
	合计	23	35	31	21	110	136
	员工法定福利	3	7	8	8	26	

(续表)

	年初价值	年度基本工资	管理人员岗位	第一周期		第二周期		第三周期		第四周期		实发合计		
				基本工资	法定福利	基本工资	法定福利	基本工资	法定福利	基本工资	法定福利	基本工资	法定福利	
管理人员薪酬	9	48	总经理	12	4	12	4	12	4	12	4	48	16	管理人员薪酬小计
	6	36	人力资源经理	9	3	9	3	9	3	9	3	36	12	
	3	24	招聘甄选主管	6	2	6	2	6	2	6	2	24	8	
	3	24	培训开发主管	6	2	6	2	6	2	6	2	24	8	
	3	24	绩效考评主管	6	2	6	2	6	2	6	2	24	8	
	3	24	薪酬福利主管	6	2	6	2	6	2	6	2	24	8	
	合计	180	合计	45	15	45	15	45	15	45	15	180	60	240
	管理人员奖金			0								0		
	年度薪酬总计													376

填表规则

(1) 员工薪酬=员工基本工资+人才引进津贴+奖金。

(2) 员工法定福利=(员工基本工资+绩效奖金)×33%。

(3) 管理人员的基本工资根据其价值进行变动，例如，第一年的管理人员价值为初始的9/6/3/3/3/3，则其对应的基本工资为48/36/24/24/24/24。

(4) 管理人员法定福利=(管理人员基本工资+管理人员奖金)×32%(58=180×32%)。

人力资源经理：汇总"人力资源经费使用表"中的各项数据，如表4-85所示，填入"管理费用表"(见附表C-2)中，生成当年的管理费用。

表4-85　人力资源经费使用表

项目	金额
企业文化培训费用	0
工作分析费用	16
招聘费用	19
培训费用	12
管理人员基本工资	180
管理人员法定福利	60
管理人员奖金	0
挖人补偿金	0

（续表）

项目	金额
企业福利	0
其他费用	0
综合运营费用	10
合计	297

注：① 企业文化培训费用、工作分析费用、招聘费用、培训费用、管理人员基本工资、管理人员奖金、管理人员福利、挖人补偿金各数据可参考人力资源经费使用表中的合计。

② 其他费用=紧急经费损失+回账经费损失+超额经费损失，三项损失可参照人力资源经费使用表中相应的项目。

总经理：根据各张汇总数据，填入"利润表"，计算出当年本公司的净利润情况，如表 4-86 所示。

表4-86　利润表

项目	金额
一、销售收入	798
减：直接人工	139
管理费用	297
产品综合成本	172
二、营业利润	190
加：营业外收入	0
三、净利润	190

(1) 销售收入：该数据可参照"公司销售统计表"中的销售收入合计。

(2) 直接人工=ABCD 级别员工的薪酬(可参照"薪酬表")+辞退费用。

(3) 管理费用可参照"管理费用表"中的合计。

(4) 产品综合成本可参照"总经费收支明细表"。

(5) 营业外收入即员工被挖补偿金。

(6) 利润=销售收入 - 直接人工 - 管理费用 - 产品综合成本+营业外收入。

2) 人力资源经理流程操作方法

人力资源经理：确认"薪酬表""人力资源经费使用表""利润表"中各项统计完成后，在流程表相应栏中打"√"即可，如表 4-87 所示。

表4-87　人力资源经理操作流程

	手工操作流程	操作角色	填写表格	记录(四个周期)			
				一	二	三	四
41	提交管理费用表、利润表、薪酬表	人力资源经理｜总经理｜薪酬福利主管	2-2/1-4/5-6				√

7. 年末结算

企业福利与管理人员奖金都与公司的超额利润有着紧密的关系，即随着利润的增减而增加与减少。其中管理人员奖金是管理人员薪酬的重要部分，公司经营得越好，管理人员的价值就越高，奖金也越多。

1) 企业福利费用表操作方法

薪酬福利主管：根据超额利润情况，填入"企业福利费用表"中，企业福利的提取比例为10%，因此下一年年初的企业福利费用需要支付17K，如表4-88所示。

表4-88　企业福利费用表

类别	项目	基数合计	比例	福利费用	备注
企业福利费用	超额利润 170		10%	17	本项为计提项，次年年初支付

企业福利是指上一年度企业福利，根据上一年度的超额利润，计提10%作为企业福利进行支付。

薪酬福利主管：根据年末管理人员价值、净利润、超额利润，将数据填入"管理人员奖金表"，各管理人员的奖金在下一年度年初进行支付，如表4-89所示。

表4-89　管理人员奖金表

管理人员	年末管理人员价值	超额利润	管理人员总价值	管理人员奖金	管理人员奖金合计	备注
总经理	9			11		
人力资源经理	6			7		
招聘甄选主管	3	170	27	4	34	本项为计提项，次年年初支付
培训开发主管	3			4		
绩效考评主管	3			4		
薪酬福利主管	3			4		

填表规则

(1) 管理人员奖金是指当年年初支付上一年度管理人员奖金，与管理费用表中的管理人员奖金一栏相同。其数据可参照管理人员奖金表中的管理人员奖金。

(2) 年末管理人员价值：即在原始价值基础上加 1 或减 1，达标者加 1，未达标者减 1，具体可参照管理人员绩效考核规则。

(3) 本年度净利润可从利润表中获得。

(4) 本年定额利润：第一年的初始定额利润为 20K，从第二年开始，定额利润取本公司上一年度利润的 120%与各公司本年度利润平均值的 120%的较大值。

(5) 超额利润=净利润 – 定额利润。

(6) 管理人员年终奖 = (净利润 – 定额利润)×20%× $\dfrac{个人价值}{管理人员总价值}$。

2) 人力资源经理流程操作方法

人力资源经理：确认"企业福利费用表""管理人员奖金表"中的数据填写完整后，在流程表相应栏中打"√"即可，如表 4-90 所示。

表4-90　人力资源经理操作流程

手工操作流程		操作角色	填写表格	记录(四个周期)			
				一	二	三	四
42	年末计算(企业福利/管理人员奖金)	薪酬福利主管	5-4/5-5/5-6				√

8. 总评比

人力资源管理沙盘模拟的是一个以人力资源管理为主要发展驱动的企业，在这个企业中员工和管理人员的价值是最为重要的考虑因素之一，企业经营的好坏不再由利润进行单一的评价。

人力资源经理：根据绩效考评主管提供的价值总和、总经理提供的净利润、薪酬福利主管提供的薪酬，计算得出当年的总评分。

1) 评分表操作方法

当年的总评分表反映的是对公司当年一年经营期间的总体表现进行评价，主要通过价值总和、净利润、薪酬来计算分值，如表 4-91 所示。

表4-91 总评分表

项目	数值
价值总和	36
净利润	190
薪酬	376
分值	54.19

填表规则

(1) 价值总和为公司当年年末经过绩效考核后，员工的价值与管理人员的价值之和，可由管理人员绩效考核表中的管理人员年末价值合计和员工人数及员工年末价值统计表中员工价值合计得出。

(2) 薪酬为当年公司员工薪酬与管理人员的薪酬之和。

(3) 分值计算公式：

$$M = \sum\nolimits_{i=1}^{m} 价值 \times (1 + \sum\nolimits_{j=1}^{n} 人力资本投资回报率)$$

$$人力资本投资回报率 = \frac{企业净利润}{薪酬总额} \times 100\%$$

其中，n 为经营年数，m 为公司该年度总人数。

2) 人力资源经理流程操作方法

人力资源经理：根据"评分表"(见附表 C-3)中的数据填写情况，在流程表相应栏中打"√"即可，如表 4-92 所示。

表4-92 人力资源经理操作流程

手工操作流程		操作角色	填写表格	记录(四个周期)			
				一	二	三	四
43	提交评分表	人力资源经理	2-3				√

第5章

人力资源管理沙盘模拟实战演练

5.1 企业概况

5.1.1 公司简介

人力资源模拟沙盘的基础背景设定为一家生产技术成熟，但资金有限，以人力资源作为推动企业成长与发展的重要动力的生产销售型企业。公司内部组织结构如图5-1所示。

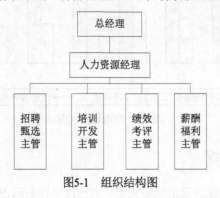

图5-1 组织结构图

为了避免学员将该模拟企业与他们所熟悉的行业不经意地产生联想，因此，在本沙盘中所涉及的产品是虚拟产品，即 P 系列产品——P1、P2、P3 和 P4，其中 P1 为低端产品，P2、P3 为中端产品，P4 为高端产品。由于市场对产品的需求带动了企业对员工需求的变动，因此为了适应技术发展及市场需求的变化，公司董事会及全体股东一致决定将企业交给一批优秀的创业者去发展，他们希望新的管理层可以完成以下工作。

- 应对市场产品的需求状况，公司人力资源配比战略能满足公司的生产需求。
- 在合理的人力资源成本预算范围内，能够高效率地完成公司人力资源活动。
- 增强企业凝聚力，提升员工内部稳定性。
- 加强企业团队建设，提高组织效率。
- 不断地完善人力资源管理思想，建立可持续发展的员工队伍。

总而言之，新的管理层必须创新经营理念，专注公司经营，以完成公司总体目标为前提，做好人力资源战略规划才能完成公司董事会及全体股东的期望，实现良好的经营业绩。

5.1.2　产品市场环境分析

1. P1产品市场环境分析

由图 5-2 可知(左边纵坐标表示市场需求量，右边纵坐标表示市场参考价格，横坐标表示年份)，市场对 P1 产品的需求在某年达到顶峰之后逐步下降，说明市场对低端产品的需求在下滑，随着需求的减少，P1 的市场售价也将有所变动。

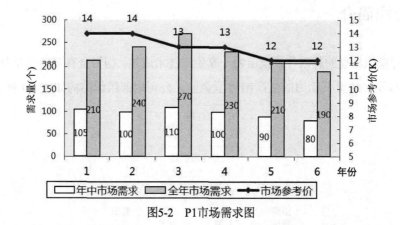

图5-2　P1市场需求图

2. P2产品市场环境分析

由图 5-3 可知(左边纵坐标表示市场需求量，右边纵坐标表示市场参考价格，横坐标表示年份)，在前几年市场对 P2 产品的需求明显低于 P1 产品，随着社会经济的发展，市场对产品的要求有逐步由低端向中高端发展的趋势。因此随后几年，P2 产品的需求量逐步上升，且其价格也受到影响，在第五、第六年，随着客户对高端产品需求量的增加，P2 的价格受其影响有所下降。

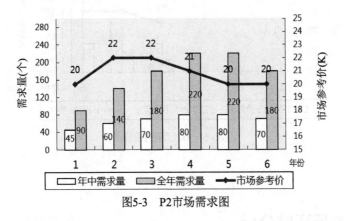

图5-3　P2市场需求图

3．P3产品的市场环境分析

由图 5-4 可知(左边纵坐标表示市场需求量，右边纵坐标表示市场参考价格，横坐标表示年份)，在第一、第二年市场上对 P3 产品没有需求，从第三年开始，由于社会经济的发展，市场对 P3 产品的需求逐步上升，且价格也随之影响逐步上升。

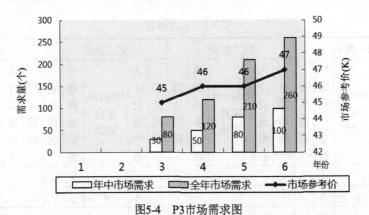

图5-4　P3市场需求图

4．P4产品市场环境分析

由图 5-5 可知(左边纵坐标表示市场需求量，右边纵坐标表示市场参考价格，横坐标表示年份)，市场对 P4 产品的需求是四类产品中最晚出现的，虽然其需求量呈上升趋势，但每年的需求量较之于其他产品并不多，且其价格高于其他类型的产品。

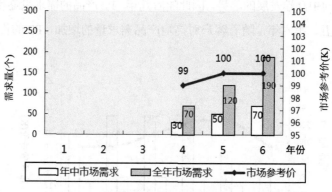

图5-5　P4市场需求图

5.1.3　人才市场环境分析

表 5-1 所示是市场六年每周期各个渠道对人员的供应情况，在进行人员招聘前，仔细研究分析该市场供应情况，不难看出 A 级人员只在第一周期供应，且大多分布于传统媒体招聘和猎头招聘两个渠道。

表5-1　人才供应

年份	招聘渠道	第一周期					第二周期					第三周期					第四周期				
		校园招聘	人才交流中心	Internet平台招聘	传统媒体招聘	猎头招聘	校园招聘	人才交流中心	Internet平台招聘	传统媒体招聘	猎头招聘	校园招聘	人才交流中心	Internet平台招聘	传统媒体招聘	猎头招聘	校园招聘	人才交流中心	Internet平台招聘	传统媒体招聘	猎头招聘
第一年	A																				
	B	0	6	0	0							0	0	0	0						
	C	0	0	0	0		0	0	6			0	6	0	0		0	0	0		
	D	0	0	0	0		6	6	0			0	0	0	0		0	0	0		
第二年	A																				
	B	0	0	1	1							0	1	0	0						
	C	2	1	2	0		0	2	1			0	1	1	0		0	1	1		
	D	2	2	0	0		3	2	0			2	1	0	0		2	2	0		

(续表)

年份	招聘渠道	第一周期					第二周期					第三周期					第四周期				
		校园招聘	人才交流中心	Internet平台招聘	传统媒体招聘	猎头招聘	校园招聘	人才交流中心	Internet平台招聘	传统媒体招聘	猎头招聘	校园招聘	人才交流中心	Internet平台招聘	传统媒体招聘	猎头招聘	校园招聘	人才交流中心	Internet平台招聘	传统媒体招聘	猎头招聘
第三年	A	0	0	0	1																
	B	0	1	0	1							0	0	1	1						
	C	1	1	0	0		0	2	2			1	1	1	0		0	3	0		
	D	0	2	0	0		2	2	0			1	2	0	0		2	2	0		
第四年	A	0	0	1	0	1															
	B	0	1	1	1							0	0	1	1						
	C	1	2	1	0		0	1	2			1	1	0	0		0	1	0		
	D	1	1	0	0		1	2	0			2	1	0	0		2	2	0		
第五年	A	0	0	0	1	1															
	B	0	1	0	1							0	0	1	0						
	C	1	2	2	0		0	1	1			1	1	0	0		0	1	2		
	D	1	2	0	0		2	2	0			1	1	0	0		2	2	0		
第六年	A	0	0	0	0	1															
	B	0	1	0	1							0	0	1	0						
	C	2	1	0	0		0	1	0			1	1	0	0		0	1	0		
	D	2	1	0	0		2	2	0			1	1	0	0		2	2	0		

5.1.4　企业的财务状况

在上届决策者的带领下，企业取得了一定的利润，具体情况如表 5-2 所示。

表5-2　利润表

项目	金额
一、销售收入	798
减：直接人工	139
管理费用	297
产品综合成本	172
二、营业利润	190

(续表)

项目	金额
加：营业外收入	0
三、净利润	190

从上述报表中我们可分析出企业的盈利能力比率为：销售净利率=净利润÷销售收入×100%=195÷798×100%=24.44%。

从盈利能力比率可以看出该企业的销售净利润良好，因此新的管理者应该延续这种良好的发展状况，将企业带入一个新的发展阶段。

5.2 企业初始状况设置

人力资源管理沙盘模拟的是一个已经运营若干年的企业，虽然已经从企业概况中获得了企业运营的基本信息，但还需要将这些枯燥的数据再现到沙盘盘面上，由此为下一步的企业运营做好铺垫。通过初始状态的设定，使学员深刻地感受到财务数据与企业业务的直接相关性，了解了财务数据是对企业运营状况的一种总结提炼。为了使学员能更好地了解财务，下面我们介绍一下初始状态设置需要的一些要素。

1. 产品

本沙盘模拟中，企业可以生产 P1、P2、P3、P4 四种产品。

2. 资金

资金用灰币和橙币代替，每个灰币代表 1000 元(即 1K)，每个橙币代表 10 000 元(即 10K)。

3. 价值

价值用红币代替，每个红币代表 1 个价值。

5.3　企业运营工作流程

5.3.1　企业运营流程

在沙盘模拟课程中，根据经营流程的先后顺序，我们把整个模拟经营过程分为几个阶段来依次循序渐进地了解沙盘实战模拟流程。

1. 模拟公司

沙盘模拟过程中需先建立公司，学员将以小组为单位建立模拟公司，注册公司名称，组建管理团队，参与模拟竞争。小组根据每个成员的不同特点进行职能分工，选举产生模拟企业的总经理，确立组织愿景和使命目标。

2. 经营会议

当学员对模拟企业所处的宏观经济环境和所在行业特性基本了解之后，各公司总经理组织召开经营会议，依据公司战略安排，做出本期经营决策，制订各项经营计划，其中包括人力资源战略规划、人力资源供需预测、费用预算、培训晋升计划和调岗计划。

3. 环境分析

任何企业的战略都是针对一定的环境条件制定的，沙盘训练课程为模拟企业设置了全程的外部经营环境、内部运营参数和市场竞争规则。进行环境分析的目的就是要努力从环境因素中、近期所发生的重大事件里，找出对企业生存、发展前景具有较大影响的潜在因素，然后科学地预测其发展趋势，发现环境中蕴藏着的有利机会和主要威胁。

4. 竞争战略

各公司根据自己对未来市场的预测和调研，本着长期利润最大化的原则，制定、调整企业战略。战略内容包括人力资源战略规划、人力资源供需预测、费用预算、培训晋升计划和调岗计划。

5. 经理发言

各职能部门经理通过对经营的实质性参与，加深了对经营的理解，体会到了经营短视的危害，树立起为未来负责任的发展观，从思想深处构建起战略管理意识，管理的有效性得到显著提高。

6. 沟通交流

通过频繁的团队沟通，充分体验交流式反馈的魅力，系统了解企业内部价值链的关系，认识到打破狭隘的部门分隔，增强管理者全局意识的重要意义；深刻认识建设积极向上的组织文化的重要性。

7. 财务结算

一期经营结束之后，学员自己动手填报财务报表、盘点经营业绩、进行财务分析，通过数字化管理，提高经营管理的科学性和准确性，理解经营结果和经营行为的逻辑关系。

8. 业绩汇报

各公司在盘点经营业绩之后，围绕经营结果召开期末总结会议，由总经理进行工作述职，认真反思本期各个经营环节的管理工作和策略安排，以及团队协作和计划执行的情况。总结经验、吸取教训、改进管理，提高学员对市场竞争的把握和对企业系统运营的认识。

9. 分析点评

每一年经营下来，企业管理者都要对企业的经营结果进行分析，深刻反思成败之所在。教师更要结合课堂整体情况，找出大家普遍困惑的问题，对现场出现的典型案例进行深层剖析，用数字"说话"，让受训者感悟管理知识与管理实践之间的距离。具体来说，教师要根据各公司期末经营状况，对各公司经营中的成败因素深入剖析，提出指导性的改进意见，并针对本期存在的共性问题，进行全面、透彻的案例分析与讲解。另外，教师要按照逐层递进的课程安排，引领学员进行重要知识内容的学习，使以往存在的管理误区得以暴露，管理理念得到梳理与更新，提高了洞察市场、理性决策的能力。

5.3.2 企业工作流程

任务清单(见表5-3)代表了企业简化的工作流程，它是企业竞争模拟中各项工作需要遵守的执行顺序，分为年初8项工作、日常按季度执行的28项工作和年末需要做的9项工作。执行任务清单时由总经理主持，团队成员各司其职，有条不紊，每执行完一项任务，各成员分别使用三种记号，即分三种方式进行记录。如果本项操作发生了资金变动，则记录其金额；如果本项操作发生了但没有资金变动，则在方格中打"√"；如果本项操作没发生，则画"×"。

表5-3 任务清单

公司：教学年

序号		此流程由人力资源经理控制。每执行完一项操作，人力资源经理请在相应的方格内打钩或做其他相应标记						
		手工操作流程	操作角色	填写表格	记录(四个周期)			
					一	二	三	四
年初	1	初始信息登记(人员与价值)	总经理｜绩效考评主管｜培训开发主管	★1-1/6-1/4-1	√			
	2	年初总经费｜上年度剩余总经费	总经理	1-2	1000			
	3	新年度规划会议	总经理	★	√			
	4	上年度人力资源剩余经费	人力资源经理	2-1	0			
	5	申请人力资源经费	人力资源经理｜总经理	2-1/1-2	500			
	6	支付企业福利	薪酬福利主管｜人力资源经理	5-5/2-1/2-2	0			
	7	支付管理人员奖金	薪酬福利主管｜人力资源经理	5-3/2-1/2-2	0			
	8	企业文化培训	培训开发主管｜人力资源经理	4-2/2-1	0			
	9	期初总经费盘点	总经理	1-2	500	476	624	572
	10	期初人力资源经费盘点	人力资源经理	2-1	500	395	276	165
	11	岗位设计	招聘甄选主管｜人力资源经理	3-1/3-2/2-1	12			
	12	岗位分析	招聘甄选主管｜人力资源经理	3-1/3-2/2-1	2	1	1	0
	13	制定、调整员工期基本工资	薪酬福利主管｜招聘甄选主管	★5-1/3-1	√			
	14	挖人竞争	招聘甄选主管｜裁判｜人力资源经理	3-3/3-2/2-1	0			
	15	被挖员工登记｜获取补偿金	总经理	1-1/1-2	0			
	16	辞退—再就业培训	总经理｜人力资源经理｜培训开发主管	1-1/2-1/4-3	0	0	3+1	0
	17	技能提升培训｜岗位轮换培训｜升级	培训开发主管｜总经理｜人力资源经理	4-1/4-3/1-1/2-1	0	2	2	2
	18	参加人才招聘会	招聘甄选主管｜裁判｜人力资源经理	3-1/3-2/2-1	4	11	4	0
	19	员工入职｜新员工培训	总经理｜培训开发主管｜人力资源经理	1-1/4-3/2-1	1	3	1	0
	20	运营生产｜结算周期产量	总经理	★1-1	√	√	√	√

序号	此流程由人力资源经理控制。每执行完一项操作，人力资源经理请在相应的方格内打钩或做其他相应标记						
	手工操作流程	操作角色	填写表格	记录(四个周期)			
				一	二	三	四
21	支付产品综合成本|总经费支付	总经理	1-1/1-2	24	44	52	52
22	产品交货(销售收入计入总经费)	总经理|裁判	1-3/1-2		192		438
23	支付员工工资	薪酬福利主管|人力资源经理	5-2/5-3/2-1	23	35	31	21
24	支付员工法定福利	薪酬福利主管|人力资源经理	5-2/5-3/2-1	3	7	8	8
25	支付管理人员基本工资	薪酬福利主管|人力资源经理	5-3/2-1	45	45	45	45
26	支付管理人员法定福利	薪酬福利主管|人力资源经理	5-3/2-1	15	15	15	15
27	期末统计/清仓	总经理	★1-4/1-2	√	√	√	√
28	支付综合运营费用	总经理|人力资源经理	1-2/2-2				10
29	人力资源经费回账	人力资源经理|总经理	2-1/1-2	0	0	0	0
30	支付回账经费损失	人力资源经理	2-1	0	0	0	0
31	紧急人力资源经费申请	人力资源经理|总经理	2-1/1-2	0	0	0	0
32	支付紧急经费损失	人力资源经理	2-1	0	0	0	0
33	期末人力资源经费支出合计	人力资源经理	2-1	105	119	111	91
34	期末人力资源经费余额对账	人力资源经理	2-1	395	276	165	74
35	期末总经费支出合计	总经理	1-2	24	44	52	62
36	期末总经费余额对账	总经理	1-2	476	624	572	948
年末	37	支付超额损失	人力资源经理	2-1/2-2				0
	38	年末人力资源剩余经费	人力资源经理	2-1				74
	39	员工流失状况统计	薪酬福利主管|裁判	★5-1/7-3				√
	40	提交员工人数及员工年末价值统计表	绩效考评主管	★6-2				√
	41	提交管理费用表、利润表、薪酬表	人力资源经理|总经理|薪酬福利主管	★2-2/1-5/5-3				√
	42	发布市场平均净利润	裁判	★7-5				√
	43	绩效考核	绩效考评主管|裁判	★6-1				√
	44	年末计算(企业福利/管理人员奖金)	薪酬福利主管	★5-4/5-5/5-6				√
	45	提交评分表	人力资源经理	★2-3				√

5.4　企业经营情况展示

5.4.1　各年招聘甄选情况

企业各年招聘甄选情况如表 5-4～表 5-9 所示。

表5-4　第一年招聘甄选情况

	招聘时间	员工级别	招聘渠道	数量	定岗	招聘费用	人才引进津贴	年基本工资	年工资	是否招聘成功
G1	第一周期	B	Internet 平台招聘	1	P1	4	15	32	47	√
	第二周期	C	Internet 平台招聘	1	P2	4	10	20	30	√
	第二周期	D	校园招聘	1	P1	3	3	12	15	√
	第二周期	D	人才交流中心招聘	1	P1	4	3	12	15	√
	第三周期	C	人才交流中心招聘	1	P2	4	10	20	30	√
G2	第一周期	B	Internet 平台招聘	1	P1	4	15	32	47	√
	第二周期	C	Internet 平台招聘	1	P2	4	10	20	30	√
	第二周期	D	校园招聘	1	P1	3	3	12	15	√
	第二周期	D	人才交流中心招聘	1	P1	4	3	12	15	√
	第三周期	C	人才交流中心招聘	1	P2	4	10	20	30	√
G3	第一周期	B	Internet 平台招聘	1	P1	4	15	32	47	√
	第二周期	C	Internet 平台招聘	1	P2	4	10	20	30	√
	第二周期	D	校园招聘	1	P1	3	3	12	15	√
	第二周期	D	人才交流中心招聘	1	P1	3	3	12	15	√
	第三周期	C	人才交流中心招聘	1	P2	4	10	20	30	√
G4	第一周期	B	Internet 平台招聘	1	P1	4	15	32	47	√
	第二周期	C	Internet 平台招聘	1	P2	4	10	20	30	√
	第二周期	D	校园招聘	1	P1	3	3	12	15	√
	第二周期	D	人才交流中心招聘	1	P1	4	3	12	15	√
	第三周期	C	人才交流中心招聘	1	P2	4	10	20	30	√

(续表)

	招聘时间	员工级别	招聘渠道	数量	定岗	招聘费用	人才引进津贴	年基本工资	年工资	是否招聘成功
G5	第一周期	B	Internet 平台招聘	1	P1	4	15	32	47	√
	第二周期	C	Internet 平台招聘	1	P2	4	10	20	30	√
	第二周期	D	校园招聘	1	P1	3	3	12	15	√
	第二周期	D	人才交流中心招聘	1	P1	4	3	12	15	√
	第三周期	C	人才交流中心招聘	1	P2	4	10	20	30	√
G6	第一周期	B	Internet 平台招聘	1	P1	4	15	32	47	√
	第二周期	C	Internet 平台招聘	1	P2	4	10	20	30	√
	第二周期	D	校园招聘	1	P1	3	3	12	15	√
	第二周期	D	人才交流中心招聘	1	P1	4	3	12	15	√
	第三周期	C	人才交流中心招聘	1	P2	4	10	20	30	√

表5-5　第二年招聘甄选情况

	招聘时间	员工级别	招聘渠道	数量	定岗	招聘费用	人才引进津贴	年基本工资	年工资	是否招聘成功
G1	第一周期	B	Internet 平台招聘	1	P1	4	15	44	59	√
	第一周期	C	Internet 平台招聘	2	P2	4	5	24	29	×
	第二周期	C	人才交流中心招聘	2	P1	4	15	24	39	√
	第三周期	B	人才交流中心招聘	1	P2	4	5	44	49	×
	第四周期	C	人才交流中心招聘	1	P2	4	8	24	32	√
	第四周期	C	Internet 平台招聘	1	P2	4	8	24	32	×
G2	第一周期	B	Internet 平台招聘	1	P2	4	10	48	58	×
	第一周期	C	校园招聘	2	P2	3	5	28	33	√
	第三周期	B	人才交流中心招聘	1	P2	4	15	48	63	√
	第三周期	C	人才交流中心招聘	1	P2	4	5	28	33	√
G3	第一周期	B	Internet 平台招聘	1	P2	4	15	36	51	×
	第一周期	C	Internet 平台招聘	2	P1	4	12	24	36	√
	第一周期	D	校园招聘	2	P1	3	8	16	24	√
	第三周期	B	人才交流中心招聘	1	P2	4	16	36	52	×
	第三周期	C	人才交流中心招聘	1	P2	4	12	24	36	×

(续表)

	招聘时间	员工级别	招聘渠道	数量	定岗	招聘费用	人才引进津贴	年基本工资	年工资	是否招聘成功
	第一周期	B	Internet平台招聘	1	P2	4	6	40	46	×
	第一周期	B	传统媒体招聘	1	P2	5	6	40	46	×
	第一周期	C	校园招聘	2	P2	3	4	28	32	×
G4	第一周期	C	人才交流中心招聘	1	P2	4	7	28	35	√
	第一周期	C	Internet平台招聘	2	P2	4	7	28	35	×
	第二周期	C	人才交流中心招聘	1	P2	4	8	28	36	×
	第四周期	C	Internet平台招聘	1	P2	4	8	28	36	√
	第一周期	B	Internet平台招聘	1	P1	4	16	32	48	×
G5	第一周期	B	传统媒体招聘	1	P1	5	16	32	48	√
	第四周期	D	校园招聘	2	P1	3	3	12	15	
	第一周期	B	Internet平台招聘	1	P2	4	6	44	50	×
	第一周期	B	传统媒体招聘	1	P2	5	1	44	45	×
	第一周期	C	校园招聘	2	P2	3	4	28	32	×
	第一周期	C	Internet平台招聘	1	P1	4	3	28	31	×
G6	第二周期	C	人才交流中心招聘	2	P1	4	6	28	34	×
	第二周期	C	Internet平台招聘	2	P2	4	5	28	33	√
	第三周期	B	人才交流中心招聘	1	P2	4	14	44	58	×
	第三周期	C	人才交流中心招聘	1	P1	4	8	28	36	√
	第三周期	C	Internet平台招聘	1	P2	4	0	28	33	√

表5-6　第三年招聘甄选情况

	招聘时间	员工级别	招聘渠道	数量	定岗	招聘费用	人才引进津贴	年基本工资	年工资	是否招聘成功
G1	第一周期	A	传统媒体招聘	1	P3	5	60	60	120	×
	第三周期	B	传统媒体招聘	1	P3	5	48	48	96	√
G2	第一周期	A	传统媒体招聘	1	P3	5	50	80	130	×
	第三周期	B	传统媒体招聘	1	P3	5	20	64	84	×

(续表)

	招聘时间	员工级别	招聘渠道	数量	定岗	招聘费用	人才引进津贴	年基本工资	年工资	是否招聘成功
G3	第一周期	A	传统媒体招聘	1	P3	5	18	60	78	×
	第三周期	B	传统媒体招聘	1	P3	5	42	36	78	×
G5	第一周期	B	人才交流中心招聘	1	P3	4	15	48	63	×
G6	第一周期	A	传统媒体招聘	1	P3	5	60	80	140	√
	第一周期	B	人才交流中心招聘	1	P3	4	15	56	71	√

表5-7　第四年招聘甄选情况

	招聘时间	员工级别	招聘渠道	数量	定岗	招聘费用	人才引进津贴	年基本工资	年工资	是否招聘成功
G1	第一周期	A	猎头招聘	1	P4	3	0	384	384	×
	第一周期	B	传统媒体招聘	1	P3	5	10	90	100	√
	第三周期	B	传统媒体招聘	1	P3	5	1	90	91	√
G2	第一周期	A	传统媒体招聘	1	P4	5	240	240	480	×
	第一周期	A	猎头招聘	1	P4	3	240	240	480	√
	第一周期	B	人才交流中心招聘	1	P3	4	10	80	90	×
G3	第一周期	B	人才交流中心招聘	1	P3	4	20	120	140	×
	第二周期	C	Internet 平台招聘	2	P1	4	8	52	60	√
G4	第一周期	C	Internet 平台招聘	2	P2	4	1	48	49	√
	第一周期	C	传统媒体招聘	1	P2	5	1	48	49	√
	第三周期	B	Internet 平台招聘	1	P3	4	1	60	61	√
G5	第二周期	C	人才交流中心招聘	2	P1	4	8	52	60	√
G6	第一周期	A	传统媒体招聘	1	P4	5	240	240	480	×
	第一周期	A	猎头招聘	1	P4	3	50	360	410	×
	第一周期	B	人才交流中心招聘	1	P3	4	30	200	230	√
	第一周期	B	Internet 平台招聘	1	P3	4	30	200	230	√
	第一周期	B	传统媒体招聘	1	P3	5	30	200	230	×

表5-8　第五年招聘甄选情况

	招聘时间	员工级别	招聘渠道	数量	定岗	招聘费用	人才引进津贴	年基本工资	年工资	是否招聘成功
G1	第一周期	A	传统媒体招聘	1	P4	5	100	384	484	√
	第一周期	A	猎头招聘	1	P4	3	10	384	394	√
G2	第一周期	A	传统媒体招聘	1	P4	5	240	240	480	×
	第一周期	A	猎头招聘	1	P4	3	150	240	390	×
	第三周期	B	Internet 平台招聘	1	P3	4	1	80	81	√
G3	第一周期	B	校园招聘	1	P2	3	10	60	70	√
G4	第一周期	C	校园招聘	2	P2	4	1	48	49	√
G6	第一周期	A	传统媒体招聘	1	P4	5	30	432	462	×

表5-9　第六年招聘甄选情况

	招聘时间	员工级别	招聘渠道	数量	定岗	招聘费用	人才引进津贴	年基本工资	年工资	是否招聘成功
G1	第一周期	A	猎头招聘	1	P4	3	0	384	384	×
G2	第一周期	A	猎头招聘	1	P4	3	240	240	480	√
	第三周期	B	Internet 平台招聘	1	P3	4	1	80	81	√
G3	第一周期	B	传统媒体招聘	1	P3	5	10	160	170	√
G4	第一周期	C	校园招聘	2	P2	4	1	48	49	√
G5	第二周期	A	校园招聘	1	P1	3	1	20	21	√

G1～G6 组的经营情况如表 5-10～表 5-15 所示。

表5-10　G1组经营情况表

年份	企业文化培训费用	工作分析费用	招聘费用	培训费用	管理人员		管理人员奖金	挖人补偿金	企业福利	其他费用	综合运营费用	合计	P1			P2			P3			P4		
					基本工资	法定福利							收入	数量	成本	收入	数量	成本	收入	数量	成本	收入	数量	成本
第一年	0	16	19	12	180	60	0	0	0	0	10	297	504	28	112	294	10	60						
第二年	0	6	27	14	180	60	34	0	17	0	10	348	1266	30	120	930	55	330						
第三年	1	14	10	19	196	76	51	0	25	33	10	435	712	36	144	512	30	180	480	8	176			
第四年	18	7	16	2	160	68	0	0	0	4	10	285	308	28	112	140	8	48	872	20	440			
第五年	0	3	104	2	200	72	0	0	0	100	10	491	234	12	48	166	6	36	962	13	286	3702	29	1276
第六年	0	3	3	0	196	76	233	0	115	0	10	636	78	4	16	220	8	48	648	8	176	4800	32	1408

项目	第一年	第二年	第三年	第四年	第五年	第六年	总得分
价值总和	36	50	48	46	56	59	295
净利润	190	470	452	-54	1347	2226	4631
薪酬	376	568	618	777	1822	1508	5669
分值	54.19	91.37	83.11	42.8	97.4	145.31	514.18

项目	第一年	第二年	第三年	第四年	第五年	第六年
一、销售收入	798	1566	1704	1320	5034	5746
减：直接人工	139	328	346	549	1550	1236
管理费用	297	348	435	285	491	636
产品综合成本	172	420	496	600	1646	1648
二、营业利润	190	470	427	-114	1347	2226
加：营业外收入	0	0	0	60	0	0
三、净利润	190	470	427	-54	1347	2226

表5-11　G2组经营情况表

年份	企业文化培训费用	工作分析费用	招聘费用	培训费用	管理人员基本工资	管理人员法定福利	管理人员奖金	挖人补偿金	企业福利	其他费用	综合运营费用	合计	P1收入	P1数量	P1成本	P2收入	P2数量	P2成本	P3收入	P3数量	P3成本	P4收入	P4数量	P4成本
第一年	0	16	19	12	180	60	0	0	0	0	10	297	504	28	112	294	10	60						
第二年	8	6	30	18	180	60	34	16	17	31	10	410	875	55	220	754	34	204						
第三年	16	16	23	42	188	51	42	22	21	11	10	442	1323	69	276	464	25	150	720	12	264			
第四年	50	3	67	33	216	204	93		46	60	10	782	728	64	256	280	16	96	958	22	484	2376	16	704
第五年	35	5	12	31	212	76	0	0	0	0	10	381	374	39	156	232	16	96	1264	30	660	1032	16	704
第六年	98	3	60	13	208	76	285	0	141	0	96	980				220	8	48	3736	46	1012	5441	35	1540

项目	第一年	第二年	第三年	第四年	第五年	第六年
一、销售收入	798	1629	2507	4342	5323	9397
减：直接人工	139	400	442	1114	854	1665
管理费用	297	410	442	782	381	980
产品综合成本	172	424	696	1589	1648	2600
二、营业利润	190	395	927	857	2440	4152
加：营业外收入	0	0	0	0	0	0
三、净利润	190	395	927	857	2440	4152

项目	第一年	第二年	第三年	第四年	第五年	第六年	总得分
价值总和	36	53	61	69	65	77	361
净利润	190	395	927	857	2440	4152	8961
薪酬	376	658	740	1487	1142	2234	6637
分值	54.19	84.81	137.41	108.76	203.87	220.1	809.14

表5-12 G3组经营情况表

年份	企业文化培训费用	工作分析费用	招聘费用	培训费用	管理人员基本工资	管理人员法定福利	管理人员奖金	挖人补偿金	企业福利	其他费用	综合运营费用	合计	P1收入	P1数量	P1成本	P2收入	P2数量	P2成本	P3收入	P3数量	P3成本	P4收入	P4数量	P4成本
第一年	0	16	19	12	180	60	0	0	0	0	10	297	504	28	112	294	10	60						
第二年	4	6	19	33	180	60	34	0	17	1	10	364	834	54	216	318	14	84						
第三年	9	14	10	35	200	80	45	0	0	8	10	411	234	12	48	320	16	96	240	4	88			
第四年	0	3	8	31	192	68	0	0	0	40	10	352	276	24	96	280	16	96	392	9	198	1320	8	352
第五年	15	2	5	15	208	84	0	0	0	90	10	429	306	35	140	614	22	132	1450	20	440	2040	16	704
第六年	20	1	3	1	228	84	102	0	51	50	10	550	702	36	144	770	28	168	1620	20	440	3100	20	880

项目	第一年	第二年	第三年	第四年	第五年	第六年
一、销售收入	798	1152	794	2268	4716	6192
减：直接人工	139	283	298	772	1366	1522
管理费用	297	364	411	352	429	550
产品综合成本	172	300	232	766	1422	3264
二、营业利润	190	205	-147	378	959	856
加：营业外收入	0	0	0	0	0	0
三、净利润	190	205	-147	378	959	856

项目	第一年	第二年	第三年	第四年	第五年	第六年	总得分
价值总和	36	45	45	59	71	71	327
净利润	190	205	-191	378	959	856	2397
薪酬	376	555	623	1032	1658	1936	6180
分值	54.19	61	31	80.6	112	102.39	441.18

表5-13　G4组经营情况表

年份	企业文化培训费用	工作分析费用	招聘费用	培训费用	管理人员基本工资	管理人员法定福利	管理人员奖金	挖人补偿金	企业福利	其他费用	综合运营费用	合计	P1收入	P1数量	P1成本	P2收入	P2数量	P2成本	P3收入	P3数量	P3成本	P4收入	P4数量	P4成本
第一年	0	16	19	12	180	60	0	0	0	0	10	297	504	28	112	294	10	60						
第二年	0	5	28	40	180	60	34	0	17	9	10	383	208	21	84	318	33	198						
第三年	0	0	0	2	184	64	0	0	0	0	10	260	112	8	32	800	40	240						
第四年	0	2	13	4	184	64	0	0	0	5	10	282	88	8	32	833	56	336	176	4	88			
第五年	0	0	0	0	192	68	0	0	0	16	10	286	68	8	32	812	56	336	316	6	132			
第六年	0	1	4	1	212	80	127	0	63	0	10	498	156	8	32	2760	64	384	148	8	176			

项目	第一年	第二年	第三年	第四年	第五年	第六年	总得分
价值总和	36	41	36	49	54	55	271
净利润	190	-316	123	-89	826	1137	1871
薪酬	376	319	468	676	733	835	3407
分值	54.19	0.3856	26.54	42.55	114.85	129.89	368.41

项目	第一年	第二年	第三年	第四年	第五年	第六年
一、销售收入	798	526	853	1097	2096	2564
减：直接人工	139	228	220	448	484	545
管理费用	297	383	260	282	286	498
产品综合成本	172	140	272	456	500	384
二、营业利润	190	-225	534	-89	826	1137
加：营业外收入	0	0	22	0	0	0
三、净利润	190	-225	123	-89	826	1137

表5-14　G5组经营情况表

年份	企业文化培训费用	工作分析费用	招聘费用	培训费用	管理人员基本工资	管理人员法定福利	管理人员奖金	挖人补偿金	企业福利	其他费用	综合运营费用	合计	P1收入	P1数量	P1成本	P2收入	P2数量	P2成本	P3收入	P3数量	P3成本	P4收入	P4数量	P4成本
第一年	0	16	19	12	180	60	0	0	0	0	10	297	504	28	112	294	10	60						
第二年	4	2	12	27	180	60	34	0	17	1	10	347	440	28	112	368	16	96						
第三年	5	2	4	8	188	68	27	0	0	0	10	312	156	8	32	320	16	96						
第四年	0	1	4	1	196	72	0	0	0	0	10	284	440	40	160	392	22	132						
第五年	0	0	0	0	196	72	0	0	0	0	10	278	578	35	140	432	37	222						
第六年	0	0	3	1	188	64	16	0	7	0	10	289	762	39	156	220	8	48						

项目	第一年	第二年	第三年	第四年	第五年	第六年	总得分
价值总和	36	36	40	42	40	41	235
净利润	190	118	-192	-18	195	287	580
薪酬	376	417	511	539	512	470	2825
分值	54.19	46.19	24.96	40.59	55.23	66.03	287.19

项目	第一年	第二年	第三年	第四年	第五年	第六年
一、销售收入	798	808	476	832	1010	982
减：直接人工	139	143	228	274	271	202
管理费用	297	347	312	284	312	289
产品综合成本	172	216	128	292	232	204
二、营业利润	190	102	-192	-18	195	287
加：营业外收入	0	16	0	0	0	0
三、净利润	190	118	-192	-18	195	287

表5-15　G6组经营情况表

年份	企业文化培训费用	工作分析费用	招聘费用	培训费用	管理人员基本工资	法定福利	管理人员奖金	挖人补偿金	企业福利	其他费用	综合运营费用	合计	P1收入	P1数量	P1成本	P2收入	P2数量	P2成本	P3收入	P3数量	P3成本	P4收入	P4数量	P4成本
第一年	0	16	19	12	180	60	0	0	0	0	10	297	504	28	112	294	10	60						
第二年	0	7	39	41	180	60	34	0	17	6	10	394	434	28	112	670	30	180						
第三年	4	15	9	17	184	64	0	0	0	30	10	333	188	11	44	894	42	252	2400	32	704			
第四年	0	5	74	15	196	76	262	60	128	210	10	1036	224	22	88	1050	60	360	1916	44	968	2400	16	704
第五年	0	5	5	5	180	64	0	0	0	210	10	479	17	1	4	225	9	54	924	14	308	2298	18	792
第六年	0	0	0	0	0	0	0	0	0	0	0	0										0	0	0

项目	第一年	第二年	第三年	第四年	第五年	第六年
一、销售收入	798	1104	3482	5590	3464	0
减：直接人工	139	248	630	2679	2964	0
管理费用	297	394	333	840	479	0
产品综合成本	172	292	1016	2120	1158	0
二、营业利润	190	0	0	0	0	0
加：营业外收入	0	0	0	0	0	0
三、净利润	190	170	1503	-49	-1137	0

项目	第一年	第二年	第三年	第四年	第五年	第六年	总得分
价值总和	36	44	68	84	82	0	中途破产，不计总得分
净利润	190	170	1503	-49	-1137	0	
薪酬	376	522	898	3213	3208	0	
分值	54.19	58.52	181.56	80.74	52.9	0	

5.4.3　经营策略分析

表面的经营数据和过程实际上是各个模拟经营企业(小组)不同的经营策略、经营过程竞争的结果。本节将剖析各个模拟经营企业采取的策略，解析其经营成果。

1. G1——决不放弃的亚军

G1 组最后夺得亚军，应当说非常幸运。从策略和竞争结果来看，该组前期一直毫无建树，而且招聘的人员经常流失，但是该组在第五年抓住机遇，逆势而上，最后赢得了亚军。

我们根据前面利润表提供的数据，分析该组的销售收入、人力资源成本和净利润的变化情况，如图 5-6 所示。

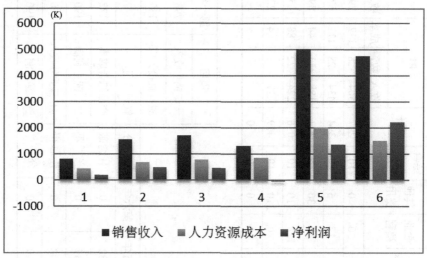

图5-6　G1组各年度销售收入、人力资源成本、净利润变化图

从图 5-6 中可以看出，该组在第一年、第二年销售收入都很少，在第四年更是净利润为负，从第五年开始，销售收入和净利润迅速增加。我们从招聘甄选情况中可以了解到第五年的招聘成功对于企业经营的巨大推动和好处。

1) 挖人的使用要恰当，而且要进行自我保护

该组比较大的失败在于，第四年将 A 级员工的工资制定得很高以挖取 G6 组的 A 级员工，却没有挖到，并且自己组经过多次培训的 B 级员工被 G6 组挖走了，这直接造成了第四年的亏损，对后面的经营产生了很多不利影响。挖人的风险很大，一开始不应在这方面投注太多，否则不仅会造成自己经营不善，也会造成市场混乱的局面。该组比较成功的是，第五年花了比较高的成本成功招聘到两个 A 级员工，挽救了之前不利的局面，扭亏为盈。事实说明，招聘时花费适当高的成本还是很有必要的。

2) 薪酬的制定无序，没有规划性

G1 组在制定薪酬时把 A 级员工工资提得太高，员工薪酬成本太多，导致第五年的第二期没有足够多的资金去生产产品。虽然第六年有了 2 个 A 级员工，但是 G1 组不敢再花大成本去招市场上的 A 级员工和挖别人公司的 A 级员工，因此第六年无法扩大经营规模，直接造成盈利的减少。由于 G1 组将 B 级员工的工资制定得太高，导致无力支出这么高的成本，所以 B 级员工的流失与被挖是无法避免的，事实也证明了这一点。G1 组应提高 C 级员工的工资，以降低 C 级员工每年的流失率。

3) 没有充分利用培训的效果，重视度不够

由于 G1 组经过培训的 B 级员工被挖走，损失太大，所以抛弃了技能培训，在第二年没有进行企业文化的培训，造成多流失了一个员工，这是不应该的。G1 组应在第五年给 A 级员工进行在岗培训，以使在第六年获得更高的收益。

G1 组在第三年将 C 级员工大部分从生产 P2 转岗到生产 P1 是合理的，因为在当年的市场上，销售 P1 的利润比销售 P2 的利润要大。

2. G2——因势利导的冠军

G2 组作为本次比赛的冠军，采取的是激进但不冒进的经营策略：全面预算资金，控制员工薪酬，大胆进行人员招聘，及时扩大产能；通过科学的产品规划，及时生产市场紧缺产品并销售，增加收入和利润，取得了比较好的市场效果。G2 组在经营过程中，虽然在前期找不到很好的突破口，但是通过后期的人才竞争成果，以及 P3 与 P4 利润迅速上升的大背景下，获得了经营优势，最后取得了成功。

下面我们看一下该组的销售收入、人力资源成本、净利润的变化情况，如图 5-7 所示。

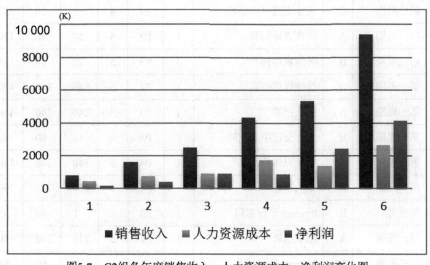

图5-7　G2组各年度销售收入、人力资源成本、净利润变化图

从图 5-7 可以看出，G2 组在前三年的销售收入较小，人力资源成本也不高，净利润也较低；第四、第五年企业的销售收入和净利润增加迅速，说明企业基本步入正轨。该组的经营策略可算经典策略，对学生学习该课程有较大的帮助。下面我们分析该组经营的成功之处。

1) 稳扎稳打，寻找任何机会招聘高级人才

从 G2 组六年的招聘甄选情况(见表 5-16)可以看出，该公司一直在寻找任何一次机会去招聘 A 级员工。与此同时，尽量保持低调，避免成为比较激进组的挖人对象，不与其产生正面冲突。从表 5-16 中可以看出，只要有 A 级员工出现，该组就必定会去争夺一番，通过两年的努力，终于在第四年获得了一个 A 级员工，这也为该组增添了一个获取高额利润的方式。当然这为 G2 组夺取最终的桂冠奠定了坚实的基础。

表5-16　G2组六年的招聘甄选情况

年份	周期	员工级别	招聘渠道	数量	定岗	招聘费用	人才引进津贴	年基本工资	年工资	招聘结果
第一年	第一周期	B	Internet 平台招聘	1	P1	4	15	32	47	√
	第二周期	C	Internet 平台招聘	1	P2	4	10	20	30	√
	第二周期	D	校园招聘	1	P1	3	3	12	15	√
	第二周期	D	人才交流中心招聘	1	P1	4	3	12	15	√
	第三周期	C	人才交流中心招聘	1	P2	4	10	20	30	√
第二年	第一周期	B	Internet 平台招聘	1	P2	4	10	48	58	×
	第一周期	C	校园招聘	2	P2	3	5	28	33	√
	第三周期	B	人才交流中心招聘	1	P2	4	15	48	63	√
	第三周期	C	人才交流中心招聘	1	P2	4	5	28	33	×
第三年	第一周期	A	传统媒体招聘	1	P3	5	50	80	130	×
	第三周期	B	传统媒体招聘	1	P3	5	20	64	84	×
第四年	第一周期	A	传统媒体招聘	1	P4	5	240	240	480	×
	第一周期	A	猎头招聘	1	P4	3	240	240	480	√
	第一周期	B	人才交流中心招聘	1	P3	4	10	80	90	×
第五年	第一周期	A	传统媒体招聘	1	P4	5	240	240	480	×
	第一周期	A	猎头招聘	1	P4	3	150	240	390	×
	第三周期	B	Internet 平台招聘	1	P3	4	1	80	81	√
第六年	第一周期	A	猎头招聘	1	P4	3	240	240	480	√
	第三周期	B	Internet 平台招聘	1	P3	4	1	80	81	√

其他组也有这样的策略，但是为什么都以失败告终，而 G2 组却取得了成功呢？这是因为该组把握了以下两个关键点。

(1) 通过谨慎的人才队伍规划，确定人才的需求和方向。G2 组通过前期对市场需求的精确把握，了解到从第三年开始 P3 为重要的发展突破口，抓住这个机遇就可以有较大幅度的利润增长。虽然该组在第一时间点的第三年没能抓住机遇，未招聘到 A 级员工，但是在第四年有所补充后，抓住了高额利润的"末班车"。

(2) 通过科学的薪酬预算和严格的人力资源成本控制，有效解决了资金有限的问题。G2 组通过预算，提早规划了资金的运用思路，虽然 A 级人员非常重要，但是在有限的资金下，公司可承受的薪酬额度是有限的，因此该组在第三年这么重要的 A 级人员抢夺中，恪守资金的运用规划，即使放弃 A 级的抢夺也要保证公司的生存和资金链的有效运转。进入第四年，虽然是经营的中下部分，但是该组仍然临危不乱，使招聘薪酬可控，在相对较低的薪酬水平上招聘到一名 A 级人员。这种薪酬可控不仅体现在招聘 A 级人员时的薪酬规划，更体现在其他级别员工的薪酬上，例如 B 级员工，G2 组在六年的后几年中一直保持着年基本工资 80K 的水平，而此时 G6 组的 B 级员工的年基本工资已高达 200K，这样的差距极大地降低了 G2 组的薪酬成本，而且由于该级别员工的市场平均薪酬不高，因此 G2 组不仅保证了 B 级员工的稳定性，而且还有效降低了薪酬成本，可谓一箭双雕。

2) 充分运用培训优势，提高在职员工产能

从 G2 组培训费用支出情况可以看出，该组一直重视员工培训，因为该组六年培训费用中的 85.03%都运用在可提升员工产能和价值的技能提升培训上。在经营后期更是达到了 95%以上的高水平，这也为企业经营提供源源不断且强劲有力的产能保障，更使公司整体分数随着员工价值的提高而"水涨船高"。G2 组每年培训费用支出结构如表 5-17 所示。

表5-17　G2组每年培训费用支出结构

	第一年	第二年	第三年	第四年	第五年	第六年
培训费用	12	18	42	33	31	13
技能提升培训	6	14	28	32	30	12
技能提升培训占有率	50%	77.78%	66.67%	96.97%	96.77%	92.31%

3) 保持灵活可变的产品生产与交货策略

G2 组的成功基础在于对市场需求数据的精确分析和长远规划，合理灵活地对公司所拥有的资金进行分配，瞄准公司的目标产品，但不放弃自身的优势产品。G2 组六年产品交货记录如表 5-18 所示。

表5-18 G2组六年产品交货记录

产品	P1			P2			P3			P4		
项目	收入	数量	成本	收入	数量	成本	收入	数量	成本	收入	数量	成本
第一年	504	28	112	294	10	60						
第二年	875	55	220	754	34	204						
第三年	1323	69	276	464	25	150	720	12	264			
第四年	728	64	256	280	16	96	958	22	484	2376	16	704
第五年	374	39	156	232	16	96	1264	30	660	1032	16	704
第六年				220	8	48	3736	46	1012	5441	35	1540

从表 5-18 中可以看出，G2 组在第一年和第二年中尽可能积累了一部分资金，为后期经营做准备，从第三年开始对所生产的产品数量和种类进行转向，逐步过渡到 P3、P4 有较高利润的产品上。这本身不是一个非常高超的理念，但是它有其特点，主要体现在产品种类转换的关键点上，即不放弃对 P1、P2 产品的生产，这主要的原因是需要这两款产品打基础。由于所有公司都瞄准 P3 和 P4 产品，所以这两款产品的竞争将会白热化，此时有 P1 和 P2 两种产品所产生的利润源源不断地给公司输送经费，这给公司留下了足够的回旋余地，而这也正是 G2 冠军组与其他组，特别是 G6 组的巨大区别之一。

3. G3——稳扎稳打的季军

G3 组经过六年的经营，总体表现非常平稳，它不参与针对高级员工的争夺，也不允许其他组随意挖人。该组属于稳健经营但不失有效规划，其在培训及薪酬上的控制可谓标杆。下面我们来看一下该组的销售收入、人力资源成本和净利润情况，如图 5-8 所示。

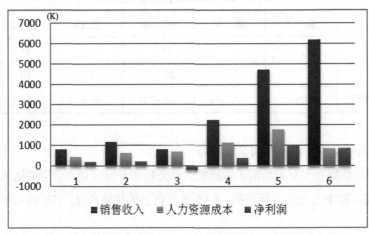

图5-8 G3组各年度销售收入、人力资源成本、净利润变化图

从图 5-8 中可以看出，该组第一、第二年的销售收入和净利润都很少，第三年净利润更是为负，说明该组在第一～第三年的经营过程中出现了很大的问题，但从第四年开始，企业重燃生机，净利润迅速转负为正，后期销售收入又快速上升，最终获得季军的成绩。

1）以退为进，以培训代替招聘

G3 组在第一年的人才招聘过程中，制定的目标是能找到 B 级员工，但是最终因为没有切实地考虑竞争对手狂大的野心，所以在薪酬的制定上略逊一筹。

由于 B 级员工没有招聘成功，考虑在今后几年，市场上各个公司对 A 级员工的竞争将会很激烈，所以 G3 组决定改变策略，先培训 B 级员工，将其往 A 级员工发展，以备未来市场对高端产品的需求。正如自己所预料的，在第三年 A 级员工的招聘过程中，竞争十分的激烈，G3 组的招聘计划失败，甚至连 B 级员工都没有招聘成功，这更加坚定了该组要自主培养高级人才的决心。原本对 C 级员工的培训只是为了增加产能，但是为了弥补本公司对 A、B 级员工的需求，因此 G3 组决定将 C 级员工向 B 级员工培训，并将其岗位调向为可能获得更大利润的 P3 类产品。当然，公司没有放弃 D 级员工，在整个经营过程中也没有放弃 P1、P2 产品的生产。在第三年的交货过程中意识到，市场上大多数的竞争对手都已经投向 P3、P4 类产品，G3 组在此时再次引进了低端人员对 P1、P2 类产品的生产。

2）被迫进行薪酬提升，只为稳定员工队伍

在制定薪酬方面，由于被市场所迫，G3 组为了不让公司培养的人才流失，造成人力资本损失，在后面几年不得不将员工薪酬水平提高，薪酬水平高于公司产出也是造成公司利润不高的一个原因。

4. G4——利基市场的拥护者

G4 组同样属于稳扎稳打型，同时又属于后知后觉型。G4 组在前期由于没有能够抓住机遇，未获得更高等级的员工，因此其把注意力转移到了利基市场，希望通过控制利基市场后来居上，但是经营至后期才发现 P3 和 P4 产品的高额利润，可惜已为时已晚。下面来看一下 G4 组的销售收入、人力资源成本、净利润的情况，如图 5-9 所示。

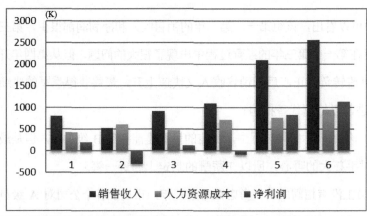

图5-9　G4组各年度销售收入、人力资源成本、净利润变化图

从图 5-9 中可以看出，G4 组在第一～第四年，一直非常彷徨，四年中，净利润两年为负，另两年即使为正，净利润也较少，销售收入迟迟未增长。经营至第五年开始才慢慢好转，虽然销售收入增加明显，但是由于主要集中在 P1、P2 这种低端产品上，所以利润增加不够明显。

1) 薪酬福利策略

G4 组在经营之初成本控制失误，使公司一直处于破产的边缘，产品的产量和价格没有上去，人力成本成了最大的支出，只好微调薪资水平，通过招聘方式的微调，才招到一定员工。

2) 培训开发策略

G4 组最先的策略是培训所有的员工，期望能通过员工培训来提高员工生产产品的产量和员工自身的价值，可以生产更为高端的产品。后来发现员工培训时间过长，员工数量的基础不大，相对应增产的量也没有自己预期的大，并且由于公司经济实力不够强大，没有指定高额的薪资，出现了培训完成后员工流失的现象，所以之后就逐步放弃了员工培训。

3) 产品生产交货策略

随着年份的增加，越来越多的公司都转向了更为高端的产品生产以获得更为丰厚的利润回报。由于 G4 组前期策略的问题，没有足够的资金可以聘用到价值高的员工来生产利润回报率更高的产品，也因为其他公司更注重高端产品的生产，低端市场的份额会相应增加，这体现在价格上，所以 G4 组没有转型到更为高端的产品，而是保持原有产品产量，通过小规模扩大产量。

经过六年的经营，G4 组整体不尽如人意。前期生产和员工培养出现问题，导致资金出现问题后，就一蹶不振，之后就最大限度地想办法维持公司的资金平衡不至于公司破产。后期由于整个市场的变化，各个产品的市场供应量出现变化，导致 G4 组最后一直处于亏损状态。

5. G5——一蹶不振的跟随者

G5 组在经营六年中一直是一个跟随者，可谓不管市场风云如何变化，它都不为所动，这实际上不是该组的经营策略，而是无奈。总结起来就是，G5 组一直没有做好长期的经营规划，更没有找到在这样竞争激烈的市场背景下，如何进行自我定位，因此，直到经营结束，该组还在寻找。下面来看一下 G5 组的销售收入、人力资源成本、净利润的情况，如图 5-10 所示。

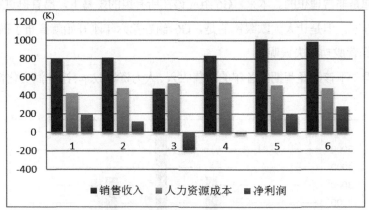

图5-10　G5组各年度销售收入、人力资源成本、净利润变化图

从图 5-10 中可以看出，G5 组一直保持着较为稳定的销售收入、人力资源成本和净利润。当然在经营至第三年和第四年时，由于低端产品的利润下降，导致其净利润下滑，这也是没有充足的人才储备、无法抵御市场供需变化的结果。

1) 人员流失极大打击队伍稳定，挫伤招聘积极性

公司前期招聘甄选策略失误，较多地招收员工，对员工进行过多的培训及当时较低的薪酬，导致人员流失较重，尤其是 B 级员工被其他企业挖走一个后，剩余的 B 级员工数量很少。之后，公司在第三、第四年亏损较为严重，福利等基本无法实现，更加无法承担招聘所产生的额外费用。因此，公司在中后期采取了保守的招聘策略，在保持公司原有员工人数基本不变的前提下，招收少量 C、D 级员工，以恢复盈利。

2) 资金短缺，培训开发难以为继

G5 组第二年对每个员工都进行了培训，但是结果是付出了较高的培训费后，员工的流失情况较重，导致在第三年公司有较大的亏损，企业资金入不敷出。因此，在中后期，公司的策略是除了新员工入职前必需的入职培训外，很少对现在员工进行培训，基本目标是保证现有生产量，恢复企业的盈利。

3) 被迫选择低端产品，实属无奈之举

由于生产高档产品，需要 A、B 级员工，但是企业第三、第四年盈利为负，无法支付高级员工的薪酬福利，同时员工培训升级计划也暂缓实施，所以对待高档的产品，G5 组采取的策略是在企业恢复盈利之前，暂时不接触较为高档的产品。而公司中期阶段的主要目标是积极保持原有的产品生产量，并保证交货。后期实现盈利之后，会进一步考虑对较为高档产品的生产。

6. G6——过眼云烟的成功者

G6 组在第三年和第四年通过巨额薪酬的投入，顺利招聘到 3 个顶级的 A 级员工，这样的经营在中期崛起是非常理想的。本来，G6 组应该在所有组的羡慕下，昂首挺进第五与第六年，顺利摘下冠军桂冠。但是让人大跌眼镜的是，G6 组在第六年刚开始就宣布了破产，其中到底暗含了怎样的经营成功与失误呢？

下面我们看一下该组经营期间各年的销售收入、人力资源成本、净利润变化情况，如图 5-11 所示。

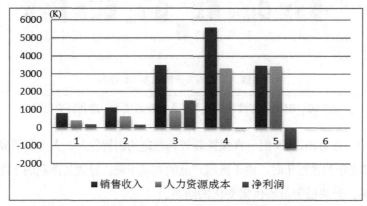

图5-11　G6组各年度销售收入、人力资源成本、净利润变化图

从图 5-11 中可以看出，G6 组销售波动非常大，特别是在第三～第五年，销售收入和利润相差较大。纵观六年经营，该组经营策略的成功和失败都可以作为典型案例进行分析。那么该组的问题出在什么地方呢？在哪些方面值得总结和引起注意呢？

1) 忽略工资结构合理性，埋下恶果

G6 组前期在招聘市场上设置较高的人才引进津贴来招聘相应的人员，因此一开始招聘还是比较顺利的，在招聘甄选方面没有给人力资源经费带来太大的压力。

后期因为薪酬福利主管所设置的薪酬相对于市场上其他企业的员工薪酬都要高很多，所以在人才引进津贴方面不需要支出太多。但相对来说，在招聘过程中给出较高的人才引进津贴比较合算，因为人才引进津贴是一次性支付的，不需要多次支付，但薪酬福利太高会导致长期资金支出比较多。

综上，G6 组薪酬福利主管为了防御挖人和挖其他企业的高级人才而设置了比较高的工资，导致前期人员招聘过多，后期因为薪酬压力太大，一直没有进行过相应的招聘。

2) 高昂薪酬成本，使公司经营陷入险境

在企业薪酬福利设定方面，G6 组前三年的薪酬相对来讲设置得比较合理，但第四年因为想从其他企业挖人或怕被其他小组从本企业挖走 A 级和 B 级员工，所以 A 级和 B 级员工的薪酬设置得比较高。后期虽然能够顺利地从市场招聘到想要的人才，但所支出的薪酬成本相当高，导致从第四年第二期开始人力资源经费就出现了严重短缺的情况,从总经费中紧急申请的比较多,在此过程中也产生了相当大一部分的经费损失,在运营到第六年第二期时公司的资金已经不能够支撑这么高的员工薪酬,从而导致企业破产。

3) 资金分配出现疏忽,造成资源盲目分配

总经理在产品生产方面根据现有的员工和考虑可能会招聘成功员工的定岗来控制总经费,使其做到最大化生产。如果不是总经费短缺公司是不会考虑让员工不生产的,因为不生产也需要支付相应的基本工资与法定福利,所以在交货方面,没有太多地去考虑市场的需求,总是以最大量交货。运营到第六年时,因为人力资源经费申请过多,导致企业生产方面出现了资金严重短缺的问题,资金问题导致企业不能够顺利地进行产品生产和市场销售,从而导致在第六年第二期市场产品销售前破产。

第6章

人力资源管理沙盘模拟经营成果分析与评价

6.1 沙盘模拟企业经营成果分析

在人力资源沙盘模拟过程中，经过两三年的经营后，各个模拟企业之间就会产生一定的差异。当第六年经营结束时，有些模拟经营的企业已经倒闭。同样的初始状况，为什么会产生不同的结果呢？这是学生们在经营过程中甚至经营完毕后会一直考虑的一个问题。本节将从盈利能力、人力资源效率、人力资本能力、人力资源运作能力四个方面对企业的经营成果进行分析，其中盈利能力是从财务学的角度进行分析，其余三个指标则是从人力资源管理学的角度进行分析。

6.1.1 盈利能力指标

企业的财务指标是对其经营成果进行分析的基础。本部分内容将主要从销售利润率、成本收益率、净利润增长率、销售收入增长率四个重要指标来进行相关的分析。

1. 销售利润率

销售利润率是净利润与销售收入的百分比。销售利润率的计算公式为

当年销售利润率=当年净利润÷销售收入×100%

销售利润率是被广泛采用评估企业营运效益的比率，是衡量企业销售收入的收益水平的指标。销售利润越高，说明销售获利水平越高。在产品销售价格不变的条件下，利润的多少受产品成本和产品结构等的影响。产品成本降低，产品结构中利润率高的产品比重上升，销售利润率就提高；反之，产品成本上升，产品结构中利润率高的产品比重下降，销售利润率就下降。例如，人力资源管理沙盘模拟中的教学年的销售收入为798K，实现的净利润为190K，计算出的销售利润率为23.81%。该指标随着企业的发展，会进一步增加。

2. 成本收益率

成本收益率是净利润总额与成本费用总额的百分比。成本收益率的计算公式为

成本收益率=净利润总额÷成本费用总额×100%

成本收益率表明单位成本获得的利润，反映成本与利润的关系。该指标越高，表明费用的利用效率越高，说明企业在增加收入和节约资金方面取得了良好的效果。例如，人力资源管理沙盘模拟中的教学年的净利润总额为190K，成本费用总额为608K，计算出来的成本收益率为31.25%。

3. 净利润增长率

净利润增长率是企业本期净利润额与上期净利润额增长的比率。净利润增长率的计算公式为

净利润增长率=(本年度净利润−上年度净利润)÷上年度净利润×100%

净利润是指在利润总额中按规定缴纳了所得税后公司的利润留成，一般也称为税后利润或净收入。净利润增长率反映了企业实现价值最大化的扩张速度，是综合衡量企业资产营运与管理业绩，以及成长状况和发展能力的重要指标，该指标越高，说明企业的经营势头越良好。例如，人力资源管理沙盘模拟中教学年的净利润为190K，经营至第二年的净利润为150K，计算出的净利润增长率为−21.05%。这说明该沙盘模拟企业的经营出现了一定的问题，可以说是在亏本了。虽然从当年数据来看，仍然保持了较高利润，但与去年相比，利润明显下降。这是一个警示，同样也是沙盘模拟企业分析利润迅速下降的关键原因，是竞争激烈还是人力资源战略出现了问题，只有找出问题才能走得更远。

4. 销售收入增长率

销售收入增长率是企业本期销售收入与上期销售收入增长的比率。销售收入增长率的计算公式为

销售收入增长率=(本年度销售收入−上年度销售收入)÷上年度销售收入×100%

销售收入增长率是公司在某一段时间销售收入的变化程度。销售收入增长率反映了企业在市场规模方面的扩张速度。该指标越高，说明沙盘企业的销售保持着良好的态势，交货技巧明显提高。例如，人力资源管理沙盘模拟中教学年的销售收入为 798K，经营至第二年的销售收入为 1024K，计算出的销售收入增长率为 28.32%。这说明该沙盘模拟企业的经营态势是良好的。但是结合销售收入增长率和净利润增长率可以明显发现，沙盘模拟企业在第二年的投入较大，或许是为后面的发展储备人才队伍，或许是资金把控出现了问题，成本过高。这就是分析指标的作用，通过不同指标的结合，找出企业经营的问题和优势，扬长避短。

6.1.2　人力资源效率指标

在人力资源管理中，人力资源是否得到充分利用，是否每个员工都发挥了自己最大的潜能，对于人力资源管理决策者及时采取有效的措施，提高人力资源利用效率有着十分重要的作用。本节我们主要采用人均销售收入、人均净利润、单位工资销售收入、单位工资净利润来衡量企业人力资源的使用情况，即人力资源效率。

1. 人均销售收入

人均销售收入是企业销售收入总额与员工平均人数的比率。人均销售收入的计算公式为

人均销售收入=销售收入总额÷员工平均人数

人均销售收入是指根据报告期内的销售收入计算的平均每一个员工的销售收入。人均销售收入是考核企业效率的指标，人均销售收入越高，企业效率越高，普遍适用于企业处于成熟期进行同业间的比较。例如，人力资源管理沙盘模拟中教学年的销售收入总额为 798K，员工人数为 4，计算得出人均销售收入为 199.5K。这说明在该沙盘第一年的运营过程中，平均每个员工可以带给企业 199.5K 的收入，发展状况总体上还可以。该数据有助于企业衡量员工的数量配置等方面的问题。

2. 人均净利润

人均净利润是企业净利润总额与员工平均人数的比率。人均净利润的计算公式为

人均净利润=净利润总额÷员工平均人数

人均净利润是指根据报告期内的净利润计算的平均每一个员工的净利润。人均净利润是考核企业效益的指标，普遍适用于企业处于成熟期进行同业间的比较。例如，在人力资源管理沙盘模拟中教学年的净利润总额为190K，员工平均人数为4，计算得出人均净利润为47.5K。说明在初始年，平均每个员工为企业带来了47.5K的净利润。总体上看人均净利润的效益还行，为了持续该良好状态的发展或是往更优势的趋势发展，企业在招聘时应进行相关信息的预测，以便为企业带来更好的利润和效益。

3. 单位工资销售收入

单位工资销售收入是企业销售收入总额与工资总额的比率。单位工资销售收入的计算公式为

单位工资销售收入=销售收入总额÷工资总额

单位工资销售收入是指根据报告期内的销售收入计算的平均每单位工资所能产生的销售收入。一般而言，单位工资销售收入越高，企业效率越高。例如，人力资源管理沙盘模拟的教学年的销售收入总额为798K，工资总额为376K，计算得出单位工资销售收入为2.12K。该数据主要反映员工为企业带来的收入，从公司单个的数据中我们可能无法看出该数据是否在同行中占有优势地位，通过同行之间相互比较，公司可对薪酬制度做出相应的调整，以占领竞争优势。

4. 单位工资净利润

单位工资净利润是企业净利润总额与上期工资总额的比率。单位工资净利润的计算公式为

单位工资净利润=净利润总额÷上期工资总额

单位工资净利润是指根据报告期内的净利润计算的平均每单位工资所能产生的净利润。一般而言，单位工资净利润越高，企业效益越高。例如，人力资源管理沙盘模拟中教学年的净利润总额为190K，上期工资总额为376K，计算得出单位工资净利润为0.51K。当相同单位工资的销售收入一样时，单个单位工资的净利润我们无法判断其是否有利于企业的发展，在通过同行之间的对比分析之后，才可对其进行定论，再根据相关分析对企业的薪酬制度进行调整，以提高企业的人力资源效率。

6.1.3　人力资本能力

1. 员工增长率

员工增长率是企业新增员工人数与上年员工人数的比率。员工增长率的计算公式为

员工增长率=新增员工人数÷上年员工人数×100%

员工增长率可以反映企业人力资源的增长速度，同时也可以反映出人力资本的增长速度。将员工增长率与企业的销售额增长率、利润增长率等结合起来，可以反映出企业在一定时期内的人均生产效率。

2. 人力资源流动率

人力资源流动率是企业一年期内流入人数与流出人数之和与员工平均人数的比率。人力资源流动率的计算公式为

人力资源流动率=(一年期内流入人数+流出人数)÷员工平均人数×100%

人力资源流动率是指报告期内企业流动人数(包括流入人数和流出人数)占总人数的比例，是考察企业组织与员工队伍是否稳定的重要指标。流入人数指调入和新进人数，流出人数指辞职、辞退人数。由于人力资源流动直接影响组织的稳定和员工的工作情绪，所以必须加以严格控制。若流动率过大，则表明人事不稳定，劳资关系存在较严重的问题，而且会导致企业生产效率低，以及增加企业挑选、培训新进人员的成本。若流动率过小，则不利于企业的"新陈代谢"，无法保持企业的活力。

3. 关键岗位员工离职率

关键岗位员工离职率是 A 级员工自愿离职的人数与员工平均人数的比率。关键岗位员工离职率的计算公式为

关键岗位员工离职率=A 级员工自愿离职的人数÷员工平均人数×100%

关键岗位员工离职率是指处于关键岗位而自愿离开企业的员工人数与统计期平均人数的比例。此指标受员工的个人境况、公司的内部环境、行业的趋势和宏观的经济形势等因素的影响。如果某一企业有较高的关键岗位自愿性的员工离职率，则可能是不健康的企业文化的反映，或者企业对员工的认同和奖励计划没有被恰当地评估，以及领导不力也会造成该比率的上升。另外，该企业应该对招聘程序进行彻底的检查以确保工作岗位和雇佣员工的能力相匹配。

4. 员工晋升率

员工晋升率是企业年内实现职位晋升的员工人数与员工平均人数的比率。员工晋升率的计算公式为

$$员工晋升率=年内实现职位晋升的员工人数÷员工平均人数×100\%$$

进行员工晋升统计可以反映出企业内部提升的情况，为改进员工发展通道、制定员工职业规划提供依据。

6.1.4 人力资源运作能力

1. 招聘指标

若要寻找一个指标来衡量企业人力资源活动中有关招聘甄选的运用能力，单位招聘成本应当位于前列。

单位招聘成本是企业招聘总成本与录用总人数的比率。单位招聘成本的计算公式为

$$单位招聘成本=招聘总成本÷录用总人数$$

单位招聘成本代表的是一次招聘活动中每招聘一位员工所占用的成本，反映了人力资源管理在招聘甄选的相关工作中资金的利用率。单位招聘成本越高，说明其资金利用率越低，以高资本招聘到适用的人才，增加了企业人力资本的支出。例如，在人力资源管理沙盘模拟中教学年的招聘总成本为19K，录用总人数为5，计算得出单位招聘成本为3.8K。若在今后的运营过程中能够降低其数据，则表明招聘甄选的运作能力较之于初始年有了提高。

2. 培训指标

为了衡量人力资源管理活动中培训的运作能力，我们在本沙盘中采用了人均培训费用、培训费用占薪资比两个指标对其运作能力进行评判。

1) 人均培训费用

人均培训费用是企业培训总费用与员工平均人数的比率。人均培训费用的计算公式为

$$人均培训费用=培训总费用÷员工平均人数$$

人均培训费用是指报告期内企业(部门)每位员工平均花费的培训费用，即企业为提升运作效益，培训员工以增强员工技能等方式来达到此目的而产生的一个指标。例如，在人力资源管理沙盘模拟中教学年的培训总费用为12K，员工平均人数为5，计算得出人均培训费用为2.4K。人均培训费用的高低并不能说明什么，但是却可以看出该企业对员工素质的重视程度及企业长

远的规划战略。一般情况下舍得为员工花钱的企业才能在员工身上获取到更大的利益。

2) 培训费用占薪资比

培训费用占薪资比是企业培训费用与工资总额的比率。培训费用占薪资比的计算公式为

$$培训费用占薪资比=培训费用÷工资总额×100\%$$

培训费用占薪资比是指报告期内企业(部门)员工培训各项费用之和同该时期内员工工资总额的比例。培训费用占薪资比并不是越高越好，合理的培训费用占薪资比为2%～5%。一般情况下，如果培训费用占薪资比高于5%，则表明企业(部门)非常重视员工培训，但培训费用过高，导致人力成本过高；如果培训费用占薪资比低于2%，表明企业(部门)对员工培训不够重视。例如，在人力资源管理沙盘模拟中教学年的培训总费用为 12K，工资总额为 376K，计算得出培训费用占薪资比为3.19%。这说明该企业在初始年的运作中，其培训计划安排合理。

3. 绩效指标

在人力资源管理沙盘模拟中，如何判定其绩效战略给企业带来的效益呢？从初始年的运作中我们可以看到，在该沙盘模拟中通过对员工发放绩效奖金来体现绩效考核的结果。那么该如何来评判企业的绩效运作能力呢？在沙盘模拟经营中采取了绩效工资比例这一指标对其进行衡量。

绩效工资比例是企业绩效工资总额与员工工资总额的比率。绩效工资比例的计算公式为

$$绩效工资比例=绩效工资总额÷员工工资总额×100\%$$

4. 薪酬指标(普通员工)

在人力资源管理沙盘中衡量薪酬管理运作能力时采用了年人均工资增长率和人均工资两个指标。

1) 年人均工资增长率

年人均工资增长率是企业本年度人均工资与上年度人均工资增长的比率。年人均工资增长率的计算公式为

$$年人均工资增长率=本年度人均工资÷上年度人均工资×100\%-1$$

一般情况下，同期工资增长率应比销售收入增长率小。如果同期工资增长率大于销售收入的增长率，则表明工资增长速度快于销售收入的增长速度，企业的人力成本增长过快。

2) 人均工资

人均工资是企业工资总额与员工平均人数的比率。人均工资的计算公式为

$$人均工资=企业工资总额÷员工平均人数$$

人均工资是指报告期内企业(部门)平均每位员工的工资额，其代表着企业在薪酬管理上的支付能力，同时也体现了企业的运营资金情况。例如，在人力资源管理沙盘模拟中教学年的工资总额为136K，员工平均人数为5，计算得出培训费用占薪资比为27.2。人均工资在一定程度上代表着企业对员工的吸引力，通过同行之间该数据的对比分析，企业可根据实际能力对其进行相应的调整，以提高企业效益与在人才上的竞争能力。

6.2 模拟企业经营成果评价

6.2.1 经营成果得分

经营成果评价计算公式为

$$M = \sum_{i=1}^{m} 价值 \times (1 + \sum_{j=1}^{n} \frac{净利润}{薪酬})$$

其中：

(1) n 为经营年数，m 为公司该年度总人数。

(2) 净利润=收入-人力资源成本-综合运营费用-产品综合成本=销售收入-直接人工-管理费用-产品综合成本+营业外收入。其中产品综合成本指生产每一产品除人力资源成本外的其他所有成本，单个产品综合成本分别如下：P1 为 4K，P2 为 6K，P3 为 22K，P4 为 44K。

(3) 价值是管理人员价值与员工价值的总和，将价值确定为评价人力资源管理沙盘的核心指标，也是为了体现人力资源管理的真正意义——公司利润与人力价值的提升。

(4) 净利润与薪酬的紧密关系，体现了单位净利润下付出的薪酬成本，以及团队进行人力资源管理的技能水平与整体管理质量。

6.2.2 实训成绩评定

课程结束后，每个组都会有一个实训成绩，但这个成绩并不能充分反映学生的真实情况，有的组虽然破产了，但是在运营过程中，组员可能一直积极参与，并且积累了很多宝贵的经验，下面给出一种较为科学的成绩评定方式。

实训课成绩=企业经营总成绩(50%)+成员表现(20%)+总结(30%)

(1) 成员表现：按时出勤，岗位分工明确，各司其职，制订计划，合作愉快，组间公平竞争，各个企业的团结程度、每个成员的参与程度，以及各种表格如运营表、损益表、现金流量预算表、采购计划表、贷款登记表、资产负债表的填写等都列为企业成员的综合表现评价。

(2) 总结：包括个人总结和团体总结。个人总结是课程结束后每个同学上交的一份实训报告，是对自己几天的体会、经验及在实践中应用的理论知识进行的总结与归纳。个人总结报告要求如下。

- 文字在3000字以上，无错别字和病句。图、表、文字配置实用、合理；排版美观、大方、简洁、实用，格式合理。
- 理论分析与实战操作结合，注重发现问题、分析问题和解决问题；经营财务统计数据全面分析；具有创新思维。
- 结构合理，条理清楚，观点准确，论证有说服力；解决问题建议具体、可操作、有说服力；感受和体会应实事求是。

团体总结就是以团队的形式上交一份《企业经营分析报告》PPT，在全班总结时各个企业要站在团队全局的角度上利用多媒体向全班同学边展示边讲解，这也是经验共享的一个过程。团队总结内容包括企业文化、成员构成、整体战略、广告策略、市场定位、企业运营得失等。

6.2.3　企业经营个人总结报告书写内容

经营分析报告是企业管理者相对熟悉的概念。广义的企业经营分析报告，是指运用科学、规范的评价方法，对企业一定经营期间的资产运营、财务效益等情况进行定量及定性的分析，做出真实、客观、公正的综合评判的书面文件，是企业管理和企业经营活动评价的一个重要环节。狭义的经营分析报告，是指财务分析报告。

企业经营分析报告通常会提出、分析和尽可能地回答如下一些基本问题：企业在一定时期的经营活动中取得了哪些成果？成果的绝对水平和相对水平怎样？取得成果的原因或存在问题的原因是什么？如何改进？等等。

1. 企业经营分析报告的基本格式

一般，企业经营分析报告是指狭义的经营分析报告，由于其大多用于企业内部管理，因而没有规定的标准格式和体裁，但要求能够反映成果，点面结合；抓住问题，分析透彻；提出建议，有理有据。企业经营分析报告应体现"总结过去，面向未来"的思想，遵循"发现问题—分析问题—解决问题"的思路，因此其至少要包括以下几个最基本的部分。

(1) 基本成果描述——背景介绍。

(2) 横比纵比——发现或提出问题。

(3) 财务与非财务指标的分析、分解——分析原因，揭示因果联系。

(4) 提出发展或改进建议——解决问题，支持决策。

这样的结构具有逻辑性，可以让报告为企业管理层提供更好的决策支持。

2. 经营分析报告的结构要素

经营分析报告的结构要素包括以下几项。

1) 标题

标题应简明扼要，准确反映报告的主要内容。或者可以通过主副标题的方式，在标题中将报告的分析期(如第×季度或××年度等)和报告的分析对象范围予以明确，以方便文件的管理和报告使用者的阅读。

2) 报告摘要

报告摘要是对本期报告核心内容的高度浓缩。企业要让报告使用者通过对摘要的阅读，只用一两分钟的时间，就对报告的基本内容有一个大概的了解；要使熟悉企业运营的高层管理者，看了摘要后就基本满足或有选择地查阅几个细节；要使不熟悉的用户能够根据自己的需要进行有选择的阅读。因此，报告摘要应当用最简明的语言陈述下列问题：企业经营在特定期间取得的主要成果是什么？有何新成就、新变化或新问题？主要原因是什么？主要建议或措施有哪些？能取得怎样的预期效果？

3) 经营概况描述

经营概况描述部分对企业在分析期内的经营状况和成果做简要说明，对计划执行情况和主要指标完成情况以数据进行描述，以概括地反映企业经营的基本面貌。其中涉及的主要指标通常是由所选择的评价方法、企业规章制度等决定的。

4) 主要指标完成情况的分析与评价

一般要对主要经营分析指标采用绝对数和相对数指标的方法，将实际指标与计划指标、本期与上年同期指标进行对比，有时还需要与历史最高水平及与同行业其他企业进行对比。通过对实际完成的异常指标值的发现、分析和评价，深入查找与分析数据异常背后的原因、存在的问题等，以便提出改进建议。

5) 建议和措施

经营分析报告是一种常规性的企业管理文件，改进管理是其重要功能之一。报告应当利用对整体情况和数据掌握的优势，针对企业内外环境的实际，包括取得的成就或存在的问题等，有针对性地提出一些巩固、发展、改进的建议与措施等。

3. 经营分析报告的主要内容

狭义的经营分析报告的主要内容尽管没有统一的规定，但在实践中大体还是有章可循的。例如，财务分析报告在内容和分析方法上，基本依据的是杜邦分析系统的财务指标体系；经营分析报告则多是杜邦的财务指标集合及一些非财务指标。在实际工作中，一些大型公司为了加强对下属企业的管理，往往对财务分析报告或经营分析报告的内容和格式有明确的规定。下面是一家公司对公司层和下属企业编制财务分析报告的内部规范，可作为编制财务分析报告或经营分析报告时的参考。该公司要求财务分析报告的内容应包括以下五个方面。

1) 主要经营指标完成情况

经营指标完成情况即是经营成果的描述，包括：计划的和实际完成的财务指标和非财务经营指标，与上期和上年同期的对比和增减比率等。

为了规范报告内容和简化工作的复杂性，这部分常由企业统一制定标准化的表格，由财务人员按期填报，再添加简要文字说明即可。指标内容取决于公司下达的计划，一般包括短期和长期经济效益指标，如主营业务收入或销售收入、销售毛利、销售净利润、产品销售率、资金周转率、投资收益率和权益收益率等。其中后两项一般按年计算，在需要时，可以从绝对数和相对数两个方面描述，并与上期和上年同期对比。

2) 经营状况分析

(1) 生产经营状况分析：将本期主要产品产量、销售额等与上年同期对比，并做简单评价。

(2) 成本费用分析：包括将本期原材料消耗、单位产品成本、销售毛利、管理费用、销售费用(包括业务费、销售佣金等)与上年同期对比，对异常变化的指标要分析其变化的原因并做出说明，适当时应提出提高效益和降低成本的具体措施和途径。

3) 财务指标分析

(1) 利润分析：分析利润增加或减少的原因，并寻求解决途径，包括分析主要业务(产品)利润占全部利润比例及市场吸引力和竞争实力，提出有利于开发和培育更多"明星"和"金牛"产品，减少"问题"和"瘦狗"产品的建议，通过优化产品组合，提升企业的利润和利润增长潜力。

(2) 资金筹集与运用状况分析：包括对应收账款、产成品库存分析等。

① 应收账款分析：包括本期销售现金比率分析、大额应收账款形成原因及处理情况、应收账款账龄分析、减少应收账款总额和缩短应收账款账龄的措施等。

② 产成品库存分析：包括产品销售率分析、库存积压原因分析、库存积压产品处理情况(含处理的数量、金额及导致的损失)等。

(3) 负债分析：通过负债比率、流动比率及速动比率等指标，分析企业的偿债能力及财务风险的大小、本期负债增加的原因、负债成本，提出降低途径等。

4) 其他分析或说明

其他分析或说明包括：对较大资产或负债项目的增减做出说明；对数额较大的待摊费用、预提费用超过限额部分做出分析；对其他影响企业效益和财务状况较大的项目和重大事件做出分析说明。

5) 建议与改进措施

在前面发现和分析问题的基础上，提出解决建议或改进措施，包括：就生产、经营活动提出改进建议；就降低成本、提高经济效益提出具体建议；等等。

第7章
人力资源管理沙盘模拟运营实战技巧

人力资源管理的最终目的是用有限的资金去实现企业利润与员工价值最大化。日本经营之神松下幸之助曾经说过"企业最大的资产是人",做好对人的管理是企业成功之道的核心,而人力资源管理就是做好人的管理工作的主要方式。人力资源管理就是通过预测组织人力资源需求并做出人力需求计划,招聘选择人员并进行有效组织,考核绩效支付报酬并进行有效激励,结合组织与个人需要进行有效开发,以便实现最优组织绩效的全过程。

人力资源管理沙盘模拟经营与现实企业人力资源管理一样,真正要管理好,需要付出艰辛的努力,需要有大智慧和高技巧,需要理性地分析和正确的决策,需要团队的精诚团结和合作,需要认真细致、踏踏实实做好每一项工作。

7.1　战略规划技巧

企业人力资源管理的成败,很大程度上与企业的战略规划密切相关。在制定一流的人力资源管理战略规划之前,首先要对市场需求和人才供应有正确、深入的了解,然后使自己的人力资源管理团队知道我们要做什么、什么时候做、怎样做、做或不做对企业的影响。在实际人力资源管理中,战略规划涉及的面很宽,但对于沙盘模拟经营企业而言,主要包括市场需求与人才供应分析、产品生产规划、资金合理分配规划等几个方面。

战略规划从时间上划分，可以分为中长期规划和短期规划。中长期规划一般指五年以上的规划，短期规划一般为一年。沙盘模拟经营企业的规划应当重视短期规划，因为短期规划更具体，也更接近实际。短期战略规划应在每年年初制定。

7.1.1　产品定位与人才队伍分析

1. 产品定位规划

进行产品定位规划，必须结合沙盘模拟经营企业所提供的市场需求趋势图，而且要明确几个关键问题：市场需求有哪几种产品？这些产品都是什么时候开始有需求的？它们的价格和需求又有怎样的发展趋势？

我们知道，如果所有企业都只是一味地销售一种产品，那么这种产品供应就会被放大，而此时在需求保持不变的情况下，产品的单位价格必然会一落千丈。因此，每家企业要采取差异化竞争策略，当竞争对手主攻低端产品时，我们可以通过招聘高端人才，提供高端产品，以获取高端产品的丰厚利润。同样，若竞争对手也将销售目标定位于高端产品时，我们首先不能简单地放弃高端产品市场，即使是竞争激烈的时候，因为它可以产生巨大的经济效益，这是其他产品无法比拟的，这时企业应将关注重点多样化，如关注需求有一定持续性且价格浮动不大的刚需低端产品，以扩大销路。

沙盘模拟经营企业销售的产品包括 P1、P2、P3、P4，它们分别代表了不同层次的四种产品，其中 P4 为最高端的产品。

企业在销售产品时，不应盲目地认为销售产品的种类越多越好，最好是可以覆盖全部的产品需求。当然在市场需求量巨大、价格普遍偏高，并且公司资金充沛时，可以不断地放大产能，追求更高的市场占有率，获得巨额的经济效益。但现实市场中的需求量有限，而且价格随着供应的增加而下降，更为重要的是公司的资金是有限的，面对这样的现实，企业的产品定位规划就显得非常重要。

企业在做产品定位规划时应考虑以下几个因素。

(1) 研究每个产品的销售特点及价格发展趋势。不同的产品在不同阶段，其需求量和价格是不一样的。为此，企业应研究在相同年份下，不同产品的需求量与价格情况，确定在不同年份应销售的产品，从而确定要销售的重点产品和销售的时间点。

(2) 估计竞争对手可能销售的产品，避强趋弱。在市场上，随时都面临着激烈的竞争。为此，企业应从对手的人才梯队、定岗产品上分析其可能重点进入的产品，在产品销售上尽可能抢占先机，如果有可能，要避开竞争激烈的产品。当然竞争的激烈程度也是相对而言的，如销售高端产品，由于生产高端产品的员工优先，所以企业可以通过抢占先机的方式，迅速聚集一批高端员工，占领高端产品市场，并通过招聘、挖人的方式破坏其他公司进入高端产品市场的能力。

(3) 考虑本企业的资金情况，量力而行。对于一个企业来说，总是希望产品种类越多，产能越大越好。但是生产产品是需要资金的，如果产品生产出来了，却没有销路，或者价格很低，那么损失会很大。产品的定位要考虑企业的资金情况，不只是本年的资金情况，因为资金是有限的，如果产品种类过多或产能过大，其他方面就会有问题，如没有钱去招聘、培训员工，这样就会影响企业长期的发展战略。因此产品的定位不仅是产品层次的问题，还包含了其他与产品相关的各个可能的影响因素。

一般而言，企业根据资金情况，最多定位于三种产品，如果资金允许，应尽可能早地获得高端产品的生产能力。当然，如果企业的资金控制不好，在某个年份出现了严重的资金短缺，则应当暂时以低端产品保证资金流安全，毕竟生存是第一位的。

2. 人才队伍规划

当今世界，人才不仅是最为重要的资源，也可以说是最为稀缺的资源，因为在企业几个生产要素中，产品可以制造、技术可以研发、能源可以全球勘探、资本可以吸引，但唯独人才，无法生产更无法复制，所以制定有规划性的人才队伍建设方案对企业的发展是至关重要的。著名的企业家韦尔奇曾说过："人才与策略不同，是无法被对手公司轻易效仿的。"

人才像产品一样，也有不同的层次。在沙盘模拟经营企业中，人才包括A、B、C、D四种，其分别代表了不同层次的四种产品，A为最顶尖的人才。低端人才相对容易获取且薪酬要求较低，但是其产能和技术水平普遍偏低，需要企业付出长期的培训成本进行培养。中高端人才获取困难，除了中高端人才的眼光较高以外，激烈的人才竞争不可忽视，而且这些人才的薪酬要求普遍较高，这也与其较高的产能和技术水平是等同的。这样就给企业造成了策略上的麻烦，是用较为便宜的薪酬标准招聘低端人才进行培养呢？还是用较高的薪酬标准，一步到位地招聘到产能和技术水平都较高的中高端人才？两者选择各有利弊，前者在招聘初期，产能迟迟得不到保证，在竞争上处于弱势。后者虽在招聘初期能够较快提升产能，在产品销售中占得先机，但是由于高昂的招聘成本和薪酬成本，必定会挤占公司现有资金，如不能保证销售收入的快速到位，公司有可能会陷入无法降薪，又无法负担高昂薪酬成本的尴尬境地。

企业在做人才队伍规划时应考虑以下几个因素。

(1) 研究每个人才的供应特点与发展趋势。每一年度分为四个周期，在人力资源供应中，A级员工在第一周期提供，B级员工在第一周期和第三周期提供，C级和D级员工每一周期均有提供。也就是说，较为稀缺的A级员工和B级员工所提供的时间更少，这也比较符合现在的市场人才供应情况。除了这个特点以外，A级员工的提供主要集中在传统媒体广告和猎头招聘中，且在开始的两年中并无提供，而C级和D级员工主要在人才交流中心和Internet平台上寻找工作。这样的分布情况无疑给所有沙盘经营企业敲响警钟，即人才的供应特别是高端人才的供应相当稀缺，获得高端的人才是成功的关键。

(2) 关注人才间的区别。四类人才的高端与低端的区别除了供应的多少以外，更为重要的是员工所提供的产能和价值。表 7-1 所示为各级员工的产能及初始价值，从该表中可以看出，各级员工在生产不同产品时的产能有明显的区别，其中 C 级和 D 级员工甚至没有 P3 和 P4 的产能，这对后期的高端产品竞争是非常不利的，而 A 级和 B 级员工不仅在产能上有明显优势，在可生产的产品种类上也非常突出，即 A 级和 B 级员工都可生产 P3，A 级员工甚至可以生产 P4。价值的区别在于，由于 D 级员工是实习生，所以其初始价值为 0，而 A 级员工的初始价值达到 9，与总经理的价值不相上下，可见高端人才的作用和重要性。

表7-1　各级员工的产能及初始价值

员工	产品				初始价值
	P1	P2	P3	P4	
A 级	10	9	6	4	9
B 级	6	5	2	0	5
C 级	3	2	0	0	2
D 级	1	0	0	0	0

企业在制定人才队伍规划时，也不能一味地追求高端人才，而忽视低端人才的作用。在资金有限的情况下，沙盘模拟经营企业也不得不忍痛割爱，放弃对高端人才的"暧昧"，而转投低端人才，沙盘模拟经营企业应该相信细水长流的培训也会带来源源不断的产能和经济效益。

7.1.2　产品生产规划

沙盘模拟经营企业在充分分析市场需求情况和人才供应情况后，接下来就需要结合两个最重要的商业情报，来规划自己的产品生产。如何制定产品生产规划是一个系统性问题，我们要结合之前的产品定位规划和人才队伍规划来共同解决，从以下几个方面进行考虑。

1. 需求与产能进行匹配

企业要先确认的是当前各类产品的年中与年末的需求量水平，需求量确认以后，沙盘模拟经营企业就应确定年中与年末打算向市场提供多少产品，通过供应量的核算，结合市场的人才供应，明确需求与产能的匹配情况。企业在进行该方面的匹配时，准备提供市场需求的多少产品是最为重要的因素，这期间也需充分估计其他公司的策略。为了安全和稳妥，公司可以将需求量平均分配给所有公司，按照平均值去规划不失为一个较好的策略。当然，如果企业愿意去冒险，这也无可厚非，常言道"早起的鸟儿有虫吃"，胆大心细有时可获得意外的收获。

2. 价格与利润进行匹配

由于沙盘模拟经营企业的销售遵循的是经典的供需平衡价格的模式，因此企业的销售收入直接受其他公司的影响。在产能一定的情况下，生产多少产品与公司希望价格的区间及利润有密切的关系。当然，如果沙盘模拟经营企业能较为准确地了解到市场的供应情况，那么产品售价和利润就相对容易，但是这在现实中是较为困难的。若沙盘模拟经营企业了解的情报不明朗，激进的做法就是"开足马力"，用自身所有员工最大的产能去生产，有可能获得较高利润和收入，也有可能血本无归。温和的做法是，在供需不明朗的情况下，用一部分产能去试探市场发展情况，将剩余的资金转向人才招聘、培养和稳定人才队伍方面。

3. 短期策略和长期战略进行匹配

因为员工的生产除了最初的定岗以外，生产其他产品都需要进行岗位轮换培训，这需要支付经费成本和时间成本，所以产品生产规划还需综合短期策略和长期战略的关系。长期的策略要求是沙盘模拟经营企业能生产出更高端的产品，短期的策略要求是沙盘模拟经营企业能保证现有资金流安全，获得更高的经济效益。

7.1.3　资金合理分配规划

在前面的运营实战和规划分析中，我们可以发现一个词的重要性，那就是"资金"。每个沙盘模拟经营企业都有一笔初始资金，也可以说是创业的启动资金，而且在人力资源沙盘模拟中，为了让学生能够体会更深，没有加入贷款的概念，这让学生会更加感觉资金的捉襟见肘。由于企业部门存在预算制度，人力资源部门的经费与公司经费需要分开核算和预算，所以沙盘模拟经营企业需要考虑的是如何将有限的资金进行优化配置。沙盘模拟经营企业在对资金优化配置过程中，还需注意以下几点。

(1) 人力资源经费申请过多，经过经营，余额超过一定额度时，就会被"惩罚"。

(2) 人力资源经费申请过多，导致公司经费不足，需要回账，就会被"惩罚"。

(3) 人力资源经费申请过少，需要紧急与公司经费进行申请，就会被"惩罚"。

从以上三条可以看出，从运营规则角度，就为沙盘模拟经营企业设定了"高压线"，更加凸显了资金分配的重要性。沙盘模拟经营企业到底应该如何进行资金分配呢？有限的钱该怎么用呢？可以从以下几个方面进行考虑。

1. 当年的产品生产规划

当年的产品生产规划的依据是市场的产品需求及人才供应情况。公司总经费中的最大部分就是产品的综合成本，根据产品生产规划，核算当年会使用到的产品综合成本，是确定需要多少公司总经费的最快捷径。当然，不是说公司把除了需要支付的产品综合成本的资金留下，然后把所有的资金注入人力资源部就可以了，每个沙盘模拟经营企业都需为自己留下一笔紧急备用金，以防如人员被挖、招聘不如预期顺利等时企业出现的经营风险的发生。

2. 人力资源匹配策略

沙盘模拟经营企业不能一味地考虑产品的生产规划，还需要考虑除了产品综合成本和紧急备用金以外的相匹配的人力资源策略。如果剩余资金无法提供匹配的人力资源策略，那么所有的规划都是不成立的。例如，沙盘模拟经营企业规划了全年生产计划，但是当沙盘模拟经营企业用计划中的薪酬体系去招人以匹配相应产能时，可能会由于其他沙盘模拟经营企业也存在同样的招聘渠道、招聘同类型员工而造成竞争，这时有可能竞争失败。沙盘模拟经营企业为了有人员进行补充，在后期的招聘中会花更多的成本，这样人力资源资金就会出现不足，从而影响整体资金分配。

彼得·德鲁克曾经说过："没有一家企业可以做所有的事，即便有足够的钱，它也永远不会有足够的人才。它必须分清轻重缓急，最糟糕的是什么都做，但都只做一点点，这必将一事无成"有时市场上会出现产能和价值都高的 A 级人员，而沙盘模拟经营企业仍徘徊在生存边缘时，是花大本钱去招这名 A 级人员还是优先保证公司生存，实际上就是一个分清轻重缓急的问题。相反，当一家公司有充沛的资金，但是不会很好地利用时，如一会儿想方设法去招聘高级人才，一会儿又觉得薪酬太低，人才容易流失，或者又觉得培训可以有效提高员工的产能和价值，就会顾此失彼。可见资金在分配过程中，需要沙盘模拟经营企业的管理人员慎之又慎，产品生产规划与人力资源策略的紧密匹配与精确预测是做好资金合理分配的重要前提和方式。

7.2　人才招聘甄选技巧

7.2.1　人才招聘规划

从前面的叙述中我们可以了解到，招聘策略的有效落地是沙盘模拟经营企业人力资源管理的重要前提之一。任何的管理和生产没有人的参与，都是徒劳无功或无法执行的，沙盘模拟经营企业只有抱着这样的人才观念才能更好地招聘到所要的人。人员的招聘实际上是一个系统性的工作，它不仅牵涉工作分析的前提、招聘的成本、招聘的竞争等招聘本身的工作，还涉及薪酬体系的竞争性、培训到位情况等人力资源的其他工作。沙盘模拟经营企业要做好工作分析，花最低的成本招到最合适的人才需从以下几个方面进行考虑和分析。

1. 工作分析的规划

工作分析是人力资源管理最为重要的基础工作之一，在工作分析过程中，通过对岗位的工作内容分析、任职要求分析、工作难度分析等，可分别为招聘、培训、绩效、薪酬管理等提供有效的现实数据，使管理更加科学到位。在沙盘模拟经营企业中，工作分析主要分为岗位设计和岗位分析，两者主要与人才招聘有关。由于岗位设计和岗位分析的费用都不低，因此在做招聘规划前，需将这两者费用纳入其中。员工中 A、B、C 类都需要进行岗位设计，由于 A 类员工在前两年没有提供，所以可考虑将 A 类型员工的岗位设计推后。当期内如需进行人才招聘，切记不要忘记进行岗位分析，不然就没有招聘资格。

2. 招聘渠道与时间选择

沙盘模拟提供了校园招聘、人才交流中心、Internet 平台、传统媒体、猎头招聘五种主要招聘渠道。这五种渠道的费用和主要提供的员工类型也稍有不同，主要区别如下。

(1) 前四种是针对同类型员工在同一周期的判断费用，最后一种猎头招聘是针对单个员工招聘确定基本费用和提成(薪酬的 50%)，因此公司在选择招聘渠道时需要先考虑费用问题。

(2) 高端员工主要在传统媒体和猎头招聘中提供，中低端员工主要在其余三种渠道中提供。

(3) A 级员工在第一周期提供，B 级员工在第一周期和第三周期提供，C 级和 D 级员工每一周期均有提供。

根据以上三个区别，沙盘模拟经营企业在招聘时需要先判断招聘费用较为便宜的渠道中是否有目标人员提供，然后看提供的数量，相对而言同一渠道同一周期内的同类型员工提供数量较多，竞争成功的概率也越大。当沙盘企业资金充裕时，可考虑在第一和第二周期进行人员竞争，因为这时如果招聘成功，可迅速产生产能。当沙盘企业资金较为紧缺时，也可考虑略过竞争激烈的第一和第二周期，转向第三和第四周期进行竞争，可能会有意想不到的收获。

3. 招聘数量规划

除了前面注意要点以外，实际上招聘数量规划才是最为关键的部分。因为为完成公司的产品生产规划，招聘的目标要尽可能地完成，这时如何结合工作分析和招聘时间、渠道等规划，确认招聘数量就至关重要了，因为确认招聘数量的最主要依据是产品生产规划。确认基本需求数量以后，根据市场所提供的人员渠道和时间分布就可以确定招聘数量。可能有人会说，既然已经知道了要招多少人，又知道各个渠道提供的员工人数和时间，直接投入费用进行招聘即可，还有什么可考虑的？这种理解是错误的，至少是不全面的。因为这种理解忽视了一个最为基础的条件，即所有人都能看到人才供应数量和时间，也就是竞争是完全公开的。

例如，沙盘模拟经营企业准备招一个 C 级和一个 B 级员工，且需在第一周期招聘成功。该企业在确认招聘时间和渠道时，就不能单纯锁定一个 C 级和一个 B 级员工，因为通过竞争，它有可能并没有资格获取这两个员工。这时就需要沙盘企业广撒网了，可针对两个 C 级和两个 B 级员工进行招聘，这样获取的概率就会增加，若担心竞争再次失败，可通过用多个 C 的产能顶替 B，多个 D 的产能顶替 C 的方式，扩大招聘面。当然这中间最需要沙盘模拟经营企业考虑的就是成本问题，寻找一个成本和风险的最佳契合点是沙盘模拟经营企业最应该做的事情。

7.2.2　挖人替补规划

挖人是招聘的重要补充，由于现在人才的竞争日趋激烈，企业不断将招聘的"触角"前置。例如，针对普通员工，很多企业在职业技术学院或一些中专学校开办了"某某企业班"等，使得学生一毕业就到该企业去上班，解决一部分燃眉之急。针对高端员工，现在很多企业会借助专业的猎头公司，从其他公司挖到自己需要的人才，也就是把招聘前置到了其他企业中的员工处，从源头上保证招聘的有效性和精确度。沙盘模拟经营企业在进行挖人时需从以下几个方面进行考虑。

(1) 替补规划。虽然本沙盘模拟提供了多达五种的招聘渠道，但是在人才竞争如此激烈的企业经营中，招聘渠道是越多越好。因此挖人也是一种重要的招聘方式，且具有其他招聘渠道无可比拟的优势，如挖人成功时，优先挖的是同级别中价值最高的员工等，而其他招聘渠道所招聘的员工都为初始价值和产能。

(2) "挖墙脚"规划。由于挖人的特殊性,有时挖人可以作为一种竞争手段运用。如针对主要竞争对手,高端员工挖人成功后,不仅可以获得优秀的员工,而且可以通过挖人破坏竞争对手的经营策略,打击竞争对手的实力,可谓是一石二鸟。微软创始人比尔·盖茨的一句名言印证了这个概念,他曾说过:"把我们顶尖的 20 个人才挖走,那么我告诉你,微软会变成一家无足轻重的公司。"换句话说,你把竞争对手的最主要的几个高端人才挖过来了,那竞争对手也就是一家无足轻重的公司了。

(3) 挖人资金规划。挖人除了有以上的好处以外,当然也有它的缺点,最主要的缺点是需要自身的员工年基本工资高于被挖公司的 20%,这无形中增加了企业的员工薪酬成本,而且挖人也有很多其他招聘渠道所没有的招聘费用,如给被挖公司的挖人补偿金等。因此沙盘模拟经营企业在做出挖人动作时,不仅要考虑挖人成功的众多好处,更要了解到挖人所付出的成本与自己的收益是否对等。

7.3　人才培训开发技巧

7.3.1　技能提升技巧

著名的企业管理学教授沃伦·贝尼曾经说过:"员工培训是企业风险最小、收益最大的战略性投资。"技能提升培训作为唯一的在职员工产能和价值提升方式,其对企业的经营和发展影响不可小觑。技能提升培训分为在岗培训与脱产培训,两者在培训费用和效果上都各有不同,沙盘模拟经营企业可以根据实际情况自由选择。技能提升培训在沙盘企业经营中的运用及应注意的问题有以下几个方面。

(1) 保持常态化培训。由于技能提升培训对于员工的产能和价值有一个增加效果,所以有些沙盘模拟经营企业会更看重短期效果,当产能减少时,就进行技能提升培训,而当产能增加时,就觉得技能提升培训没有什么价值了。这是一个较为偏颇的想法,因为技能提升培训除了可以提高产能以外,还能提高价值,而价值的提高不仅会影响总评分,更会影响员工的升级。因此沙盘模拟经营企业在资金允许的情况下,应保持对员工的一个常态化的技能提升培训。

(2) 在岗培训与脱岗培训的选择。这两种技能提升培训,孰优孰劣主要看的是时机和沙盘企业的需求。

- 在岗培训:费用低,培训期间可生产,但产能和价值提升较慢。
- 脱岗培训:费用较高,培训期间无产能,但产能和价值提升较快,且培训期间不流失、期间基本工资减半支付。

从以上两种方式的简单描述中可以看到，在岗培训适合的是常态化的培训模式，适合所有的员工级别。而脱岗培训比较适合短期的目标实现，适合级别较高的员工。例如，当沙盘模拟经营企业无 A 级员工，但战略规划是准备进军 P4 产品市场时，该企业就可利用脱岗培训产能和价值提升较快的优势，对一个 B 级员工实行脱产。当一个拥有初始产能的 B 级员工上升至 A 级时只需脱产培训 8 期，也就是两年，这对沙盘模拟经营企业是存在着较大的诱惑力的。当然也可以用在岗培训，但是需在岗培训 16 期，也就是四年才能从 B 级上升至 A 级，但培训期间 B 级员工的产能是保持着的，因此这也不失为一种较好的级别提升方式。

(3) 技能提升培训契机掌握。在了解了上述两种技能提升培训的各自优势后，沙盘模拟经营企业应该在什么时候进行这样的培训呢？这实际上与沙盘模拟经营企业自身的人才队伍结构和当时的企业发展战略密不可分。在沙盘模拟经营企业刚起步时，可对部分员工进行在岗培训，在保证产能不下降的情况下，逐步对员工进行产能和价值提升。当企业稳定且有一定的市场份额后，可对重点员工采取脱产培训方式，快速实现员工价值提升甚至升级，为企业提供一支自己培养起来的高端员工队伍。当然在培训过程中，若出现资金短缺，则应以保障企业安全运行为首要条件，否则企业倒闭了，即使有再"华丽"的员工队伍也无济于事。

7.3.2　岗位轮换技巧

在对员工的培训中，除了有对员工的产能和价值予以莫大帮助的技能提升培训外，还有岗位轮换培训，它可以给沙盘模拟经营企业更多的经营灵活性，保证员工处在沙盘模拟经营企业最需要他的位置上。那么，沙盘模拟经营企业应该如何运用好岗位轮换培训呢？在运用的过程中有什么技巧呢？

在了解培训技巧之前，我们首先要了解到，每位员工入职时已经定岗。由于员工已确定其岗位，因此需要岗位轮换培训去调整员工定岗产品。

从岗位轮换培训的费用角度来分析，沙盘模拟经营企业可以看到轮换到越高端的产品，培训费用越高。例如，一名 B 级员工，在入职时定岗在 P1 产品，若他生产两个周期以后希望生产 P3 产品，那么他就需要进行岗位轮换培训，支付 5K 的费用。同样，该 B 级员工如果在入职时定岗在 P3 产品，若他生产两个周期以后希望生产 P1 产品，那么他也需要进行岗位轮换培训，但只要支付 1K 的费用即可。上述例子表明，沙盘模拟经营企业在安排产品生产时要考虑费用问题，是否可以将类似于 B 级的中高端员工保留在 P3 这样的中高端产品上进行生产，而 P1 产品可由 C 级甚至 D 级员工进行生产，这样可以降低轮岗培训的费用。

另外，岗位轮换培训为沙盘模拟经营企业提供了一种最有效利用员工产能的方式，即在员工数量有限的情况下，沙盘模拟经营企业可以利用一个员工生产多种产品。例如，一个 B 级员工可以在第一和第二周期生产 P3，同时在第二周期进行岗位轮换培训，轮换至 P2，那么该员工在第三周期就可生产 P2 产品。这样沙盘模拟经营企业既可保证产品种类的多样性，也可满足其特定的产品生产规划。

7.4　产品交货技巧

产品交货获取销售利润是企业经营的最终目标，因此沙盘模拟经营企业对于产品交货技巧肯定是非常关注的。沙盘模拟中的交货与现实企业的销售原理大致上是相同的，也就是说，通过市场供需平衡，实现平衡价格上下浮动，即：供大于求，价格下降；供小于求，价格上升。那么沙盘模拟经营企业在生产出各类型的产品以后，又是通过哪些交货技巧来获取更高的利润呢？这可以从各公司所生产的关注产品与关注时间来进行分析。

由于市场有四种产品需求，因此相对而言，如果某产品的交货量越小，交货公司获得的单位产品利润就越高，因此沙盘模拟经营企业就应该寻找有可能其他竞争对手都不会或较少交货的产品。

在明确交货的产品以后，何时交货也是有其技巧的。沙盘模拟经营企业可以在第二周期和第四周期分别进行交货，何时交货可根据年中需求量与第三和第四周期提供的人才进行匹配。前者看需求数量的多少及企业现有的产品，后者则要看第三和第四周期的人才进入企业后，产出的产品能否填补年中和年末的需求差距。根据这些因素的考虑，沙盘模拟经营企业可以做出激进和保守的不同交货策略。

当确认交货产品、交货时间以后，交货数量是沙盘模拟经营企业需要考虑的核心问题。除了手中的产品数量是交货数量的最大值以外，交多少数量可以获得最大的利润才是关键。总之，沙盘模拟经营企业应该尽可能发现其他竞争对手都不会交货或较少交货的产品。当企业找到这样的产品时，交多少数量由沙盘模拟经营企业通过核算寻找最佳利润平衡点。

7.5　绩效考评管理技巧

人力资源管理沙盘模拟企业经营中，绩效考评是其核心部分，因为它涉及了人力资源管理中最为重要的内容——价值。

沙盘模拟经营企业提升价值有三个通道：新增人员招聘、技能提升培训、管理人员绩效考核，而除了最后一个以外，其他两个都会涉及成本问题，当然前两者在运营过程中也有一些小技巧。例如，新增人员招聘中，D 级员工是没有价值的，因此在成本控制的前提下，可减少 D 级员工的招聘；技能提升培训中，可通过核算提升价值的时间点，控制在最后一周期的价值提升。这可为全年评分获得一定优势。而管理人员的绩效考核需要的是主管对于管理人员 KPI 的及时关注，实时关注沙盘模拟企业管理人员的绩效完成情况，而非只提供最后结果，这就失去了绩效考评的核心意义了。

7.6　薪酬福利激励技巧

薪酬福利激励作为人力资源管理技巧中的最后一部分，算是压轴内容。因为薪酬福利是人力资源管理成本比重中最大的一块，所以也影响其他人力资源模块。薪酬福利技巧是否运用到位，将直接影响整体人力资源成本和战略的落地，其中最为主要的是薪酬体系设计的技巧。薪酬体系设计不合理可能会产生以下几个问题。

- 薪酬成本居高不下，影响整体评分，甚至导致破产。
- 薪酬成本较低，但员工队伍不稳定，经常流失。
- 薪酬体系对外竞争力不够，影响人才招聘竞争。

那是否存在有效的薪酬福利激励技巧可以避免以上问题的发生，既能增强沙盘模拟经营企业的竞争实力，又能尽量降低薪酬成本呢？回答是肯定的。实际上，良好的薪酬体系保持着对内的激励性和对外的竞争性，最为关键的是对市场薪酬水平的掌握。例如，某沙盘模拟经营企业在设计 B 级员工的薪酬时，了解到市场的 B 级员工的基本工资为每年 32K，则该企业的 B 级员工只要基本工资不低于 32K，就基本没有流失风险。而招聘的成功率同样与市场的薪酬水平有关。当市场的 B 级员工的基本工资为每年 32K 时，按照规则规定，招聘时人才引进津贴最多为年基本工资的 100%，因此市场中一般的 B 级员工"价格"在每年 64K 左右，这时沙盘企业就可以有的放矢地进行招聘和薪酬设计了。当内部的薪酬成本居高不下时，主要原因除了对外部薪酬水平没有掌握，导致内部薪酬体系设计混乱且过高以外，还有企业内部对于薪酬预算的不到位。例如，沙盘模拟企业在设计薪酬体系时不仅需要考虑基本工资，还需要考虑人才引进津贴、绩效奖金、法定福利等。另外，市场竞争的不确定性，也是沙盘模拟经营企业需要提前预测及防范于未然的，如果竞争过于激烈，必然会导致沙盘模拟企业的薪酬福利成本陡升。

参 考 文 献

[1] 杨力，朱小平. 沙盘模拟环境下的高职经管类专业实践教学体系的构建研究[J]. 漯河职业技术学院学报，2012(4)：12-14.

[2] 徐爱，高树风，赵鹤芹. 经管类专业 ERP 综合实践教学体系的构建[J]. 实验室研究与探索，2012(2)：185-188.

[3] 王顺权. 探析企业人力资源管理问题及对策[J]. 管理观察，2011(12)：50.

[4] 刘晶. 企业人力资源管理存在的问题分析及对策[J]. 环球市场信息导报，2011(1)：50-51.

[5] 王兰云. 人事管理、人力资源管理与战略人力资源管理的比较分析[J]. 现代管理科学，2004(6)：45-46.

[6] 林丽，肖莹，吴东. 人力资源管理的战略化程度的评价指标体系研究[J]. 经济问题探索，2011(6)：99-101.

[7] 朱玥腾. 基于企业竞争优势的战略人力资源管理[J]. 经济导刊，2011(1)：60-61.

[8] 高翔. 高校战略性人力资源管理研究[D]. 青岛：青岛大学，2008.

[9] 杨绍举. 吉林铁路建设的人力资源管理研究[D]. 西南交通大学，2009.

[10] 刘小玲. 企业中基层管理者供需研究——基于 A 企业的研究[D]. 北京：首都经济贸易大学，2008.

[11] 龚基云. 转型期中国劳动关系研究[D]. 南京：南京师范大学，2004.

[12] 刘健. 浅谈铁路企业车务系统人力资源管理[J]. 时代教育(教育教学版)，2012(14)：42-43.

[13] 江乐. 浅论中美人力资源管理[J]. 现代营销，2010(12)：50.

[14] 任华亮. 传统人力资源管理教学模式改革的思考[J]. 产业与科技论坛，2012(18)：153-159.

[15] 何鹏. 青岛人力资源市场与人力需求分析[J]. 中国经贸，2010(16)：116-117.

[16] 朱爱荣. 人力资源管理的现状与趋势[J]. 延边教育学院学报，2004(1)：33-39.

[17] 高靓，刘明会. 浅析人力资源管理与企业文化的关系[J]. 管理观察，2010(7)：110-111.

[18] 张丹，程志超. 战略人力资源管理能力评价体系研究综述[J]. 企业导报，2010(2)：216-217.

[19] 赵鑫刚. 营口市社会保险公司员工培训方案研究与设计[D]. 大连：大连理工大学，2005.

[20] 王燕凤. 兰州 TCL 公司人才梯队建设研究[D]. 兰州：兰州大学，2010.

[21] 孙清华. SHRM 视角下的核心员工保留及企业绩效研究[D]. 济南：山东大学，2008.

[22] 马红莉. 企业管理 ERP 沙盘模拟对抗中的团队管理[J]. 中小企业管理与科技(学术版)，2009(25)：12.

[23] 唐聪聪. 企业员工非正常流失及应对措施[J]. 合作经济与科技，2009(17)：23-29.

[24] 蔡升，张立志. 企业集团内部控制的构成要素分析[J]. 中国商论，2010(10)：96-97.

[25] 王喜丽. 浅谈企业人力资源管理与人力资本管理[J]. 现代经济信息，2011(10)：6-8.

[26] 刘丽霞. 浅论人力资源管理与企业绩效[J]. 时代金融，2010(4)：120-122.

[27] 张秀玉. 浅议企业战略矛盾[J]. 北京市经济管理干部学院学报，2001(4)：32-35，42.

[28] 蒋志文. 基于 EVA 的钢铁业上市公司绩效评价研究[D]. 广州：广东工业大学，2011.

[29] 张园. 论国有企业人力资源管理中人才的培养与流失[J]. 煤矿现代化，2011(2)：73-75.

[30] 易旭榆. 国有企业人力资源发展与职工培训的关系[J]. 湖南有色金属，2006(6)：74-77.

[31] 彭十一，陈莉，彭淑萍. 企业经营管理 ERP 沙盘模拟[M]. 北京：中国财政经济出版社，2010.

[32] 彭十一. 人力资源管理沙盘模拟实践教学方法研究[J]. 人力资源管理，2017(8)：322-324.

附 录

附录A 流程记录表

人力资源管理沙盘模拟运行流程记录表如附表 A-1 所示。

附表A-1 人力资源管理沙盘模拟运行流程记录表

序号		此流程由人力资源经理控制。每执行完一项操作，人力资源经理请在相应的方格内打钩或做其他相应标记						
		手工操作流程	操作角色	填写表格	记录(四个周期)			
					一	二	三	四
年初	1	初始信息登记(人员与价值)	总经理|绩效考评主管|培训开发主管	1-1/6-1/4-1				
	2	年初总经费|上年度剩余总经费	总经理	1-2				
	3	新年度规划会议	总经理	★				
	4	上年度人力资源剩余经费	人力资源经理	2-1				
	5	申请人力资源经费	人力资源经理|总经理	2-1/1-2				
	6	支付企业福利	人力资源经理	2-1				
	7	支付管理人员奖金	薪酬福利主管|人力资源经理	5-5/2-1/2-2				
	8	企业文化培训	培训开发主管	4-2				
	9	期初总经费盘点	总经理	1-2				
	10	期初人力资源经费盘点	人力资源经理	2-1				
	11	岗位设计	招聘甄选主管|人力资源经理	3-1/3-2/2-1				
	12	岗位分析	招聘甄选主管|人力资源经理	3-1/3-2/2-1				
	13	制定——调整员工期基本工资	薪酬福利主管|招聘甄选主管	5-1/3-1				
	14	挖人——人才引进	招聘甄选主管|教师	3-3/7-2				
	15	辞退——再就业培训	总经理|人力资源经理|培训开发主管	1-1/2-1/4-3				
	16	技能提升培训|岗位轮换培训|升级	培训开发主管|总经理	4-1/4-3/1-1				

(续表)

序号		此流程由人力资源经理控制。每执行完一项操作，人力资源经理请在相应的方格内打钩或做其他相应标记						
		手工操作流程	操作角色	填写表格	记录(四个周期)			
					一	二	三	四
	17	参加人才招聘会	招聘甄选主管|人力资源经理		3-1/3-2/2-1			
	18	员工入职|新员工培训	总经理|培训开发主管|人力资源经理		1-1/4-3/2-1			
	19	运营生产|结算周期产量	总经理		1-1			
	20	支付产品综合成本|总经费支付	总经理		1-2			
	21	支付员工工资	薪酬福利主管|人力资源经理		5-2/5-4/2-1			
	22	支付员工法定福利	薪酬福利主管|人力资源经理		5-2/5-3/2-1			
	23	支付管理人员基本工资	薪酬福利主管|人力资源经理		5-3/2-1			
	24	支付管理人员法定福利	薪酬福利主管|人力资源经理		5-3/2-1			
	25	产品交货(销售收入计入总经费)	总经理		1-3/1-2			
	26	期末统计/清仓	总经理		1-4/1-3/1-2			
	27	支付综合运营费用	总经理|人力资源经理		1-2/2-2			
	28	人力资源经费回账|支付回账损失	人力资源经理|总经理		2-1/1-1			
	29	支付回账经费损失	人力资源经理|总经理		2-1/1-1			
	30	紧急人力资源经费申请	人力资源经理		2-1			
	31	支付紧急经费损失	人力资源经理		2-1			
	32	期末人力资源经费支出合计	人力资源经理		2-1			
	33	期末人力资源经费余额对账	人力资源经理		2-1			
	34	期末总经费支出合计	总经理		1-2			
	35	期末总经费余额对账	总经理		1-2			
年末	36	支付超额损失	人力资源经理		2-1/2-2			
	37	年末人力资源剩余经费	人力资源经理		2-1			
	38	员工流失状况统计	薪酬福利主管|教师		5-1/7-3			
	39	绩效考核	绩效考评主管		6-1			
	40	提交员工人数及员工年末价值统计表	绩效考评主管		6-2			
	41	提交管理费用表、利润表、薪酬表	人力资源经理|总经理|薪酬福利主管		2-2/1-5/5-3			
	42	年末计算(企业福利/管理人员奖金)	薪酬福利主管		5-4/5-5/5-6			
	43	提交评分表	人力资源经理		2-3			
	44	发布市场平均净利润	教师		7-5			

附录B　总经理记录表

在沙盘模拟企业经营过程中，总经理主要记录员工生产明细表、总经费收支明细表、公司销售统计表、产品统计/清仓表和利润表，如附表 B-1~附表 B-5 所示。

附表B-1　员工生产明细表

员工编号	第一周期				离职	第二周期				离职	第三周期				离职	第四周期				离职
	级别	定岗	产能	产量		级别	定岗	产能	产量		级别	定岗	产能	产量		级别	定岗	产能	产量	
001																				
002																				
003																				
004																				
005																				
006																				
007																				
008																				
009																				
010																				
011																				
012																				
013																				
014																				
015																				
016																				
017																				
018																				
019																				

(续表)

员工编号	第一周期				离职	第二周期				离职	第三周期				离职	第四周期				离职
	级别	定岗	产能	产量		级别	定岗	产能	产量		级别	定岗	产能	产量		级别	定岗	产能	产量	
020																				
产量期末合计			P1			产量期末合计			P1		产量期末合计			P1		产量期末合计			P1	
			P2						P2					P2					P2	
			P3						P3					P3					P3	
			P4						P4					P4					P4	
产品综合成本期末合计			P1			产品综合成本期末合计			P1		产品综合成本期末合计			P1		产品综合成本期末合计			P1	
			P2						P2					P2					P2	
			P3						P3					P3					P3	
			P4						P4					P4					P4	
综合成本合计						综合成本合计					综合成本合计					综合成本合计				
产量年中小计	P1					P2					P3					P4				
产量全年合计	P1					P2					P3					P4				

附表B-2　总经费收支明细表

年初总经费/上年度剩余总经费		人力资源经费申请额			
周期	第一周期	第二周期	第三周期	第四周期	合计
期初总经费					
紧急人力资源经费申请额					
人力资源经费回账额					
员工被挖补偿金					
产品综合成本					
销售收入					
清仓收入					
综合运营费用					
期末总经费支出合计					
期末总经费余额对账					

附表B-3　公司销售统计表

产品	年中交货				年末交货				年末清仓收入	销售收入合计
	年中市场需求量	交货量	收购价	销售收入	年末市场需求量	交货量	收购价	销售收入		
P1										
P2										
P3										
P4										
合计										

附表B-4　产品统计/清仓表

期末统计	第一周期				第二周期				第三周期				第四周期			
	P1	P2	P3	P4	P1	P2	P3	P4	P1	P2	P3	P4	P1	P2	P3	P4
产品清仓单价													4	6	22	44
产品清仓收入小计																
产品清仓总收入																

附表B-5　利润表

项目	金额
一、销售收入	
减：直接人工	
管理费用	
产品综合成本	
二、营业利润	
加：营业外收入	
三、净利润	

附录C　人力资源经理记录表

在沙盘模拟企业经营过程中，人力资源经理主要记录人力资源经费使用表、管理费用表和评分表，如附表 C-1~附表 C-3 所示。

附表C-1　人力资源经费使用表

上年度人力资源剩余经费		人力资源经费申请额			企业福利	
管理人员奖金		企业文化培训费用				
周期	第一周期	第二周期		第三周期	第四周期	合计
期初人力资源经费						
工作分析费用						
挖人补偿金						
经济补偿金						
招聘费用						
培训费用						
员工工资						
员工法定福利						
管理人员基本工资						
管理人员法定福利						
紧急人力资源经费申请额						
紧急经费损失额						
人力资源经费回账额						
回账经费损失额						
期末人力资源经费支出合计						
期末剩余人力资源经费						
超额经费损失额						
年度人力资源成本						
年末人力资源剩余经费						

附表C-2　管理费用表

项目	金额
企业文化培训费用	
工作分析费用	
招聘费用	
培训费用	
管理人员基本工资	
管理人员法定福利	
管理人员奖金	
挖人补偿金	
企业福利	
其他费用	
综合运营费用	
合计	

附表C-3　评分表

项目	数值
价值总和	
净利润	
薪酬	
分值	

附录D　招聘甄选主管记录表

在沙盘模拟企业经营过程中，招聘甄选主管主要记录招聘申请明细表、工作分析及招聘费用统计表和挖人申请表，如附表 D-1~附表 D-3 所示。

附表D-1　招聘申请明细表

岗位设计	年基本工资		第一周期					第二周期					第三周期					第四周期				
			①	②	③	④	⑤	①	②	③	④	⑤	①	②	③	④	⑤	①	②	③	④	⑤
①校园招聘；②人才交流中心招聘；③Internet 平台招聘；④传统媒体招聘；⑤猎头招聘																						
A		岗位分析																				
		数量																				
		定岗																				
		招聘费用																				
		人才引进津贴																				
		年工资																				
		成功与否																				
B		岗位分析																				
		数量																				
		定岗																				
		招聘费用																				
		人才引进津贴																				
		年工资																				
		成功与否																				
C		岗位分析																				
		数量																				
		定岗																				
		招聘费用																				
		人才引进津贴																				
		年工资																				
		成功与否																				
D		数量																				
		定岗																				
		招聘费用																				
		人才引进津贴																				
		年工资																				
		成功与否																				

附表D-2　工作分析及招聘费用统计表

周期		第一周期	第二周期	第三周期	第四周期	合计
工作分析	岗位分析					
	岗位设计					
合计						
招聘费用	校园招聘					
	人才交流中心招聘					
	Internet 平台招聘					
	传统媒体招聘					
	猎头招聘					
合计						

附表D-3　挖人申请表

目标公司	员工级别	年基本工资	人才引进津贴	员工定岗	P1产能	P2产能	P3产能	P4产能	成功与否

附录E　培训开发主管记录表

在沙盘模拟企业经营过程中，培训开发主管主要记录员工产能培训明细表、企业文化培训方案和员工培训费用统计表，如附表 E-1~附表 E-3 所示。

附表E-1　员工产能培训明细表

员工编号	员工级别	员工定岗	原产能	第一周期				第二周期				第三周期				第四周期			
				技能提升培训		岗位轮换培训	现产能	技能提升培训		岗位轮换培训	现产能	技能提升培训		岗位轮换培训	现产能	技能提升培训		岗位轮换培训	现产能
				在岗培训	脱产培训			在岗培训	脱产培训			在岗培训	脱产培训			在岗培训	脱产培训		
001																			
002																			
003																			
004																			

(续表)

员工编号	员工级别	员工定岗	原产能	第一周期				第二周期				第三周期				第四周期			
				技能提升培训		岗位轮换培训	现产能	技能提升培训		岗位轮换培训	现产能	技能提升培训		岗位轮换培训	现产能	技能提升培训		岗位轮换培训	现产能
				在岗培训	脱产培训			在岗培训	脱产培训			在岗培训	脱产培训			在岗培训	脱产培训		
005																			
006																			
007																			
008																			
009																			
010																			
011																			
012																			
013																			
014																			
015																			
016																			
017																			
018																			
019																			
020																			
费用合计																			

附表E-2　企业文化培训方案

上年净利润	企业文化培训计提比例	企业文化培训费用	员工流失率降低幅度

附表E-3　员工培训费用统计表

项目	第一周期	第二周期	第三周期	第四周期	小计
再就业培训费用					
在岗培训费用					
脱产培训费用					
岗位轮换培训费用					
新员工培训费用					
合计					

附录F　薪酬福利主管记录表

在沙盘模拟企业经营过程中，薪酬福利主管主要记录员工年基本工资制定/调整表、员工薪酬明细表、薪酬表、超额利润计算表、企业福利费用表和管理人员奖金表，如附表 F-1～附表 F-6 所示。

附表F-1　员工年基本工资制定/调整表

员工级别	上一年期基本工资	调整后当年期基本工资	人数
A			
B			
C			
D			

附表F-2　员工薪酬明细表

员工编号	第一周期						第二周期						第三周期						第四周期					
	员工级别	基本工资	人才引进津贴	定岗	法定福利	产能增量	绩效奖金	员工级别	基本工资	人才引进津贴	定岗	法定福利	产能增量	绩效奖金	员工级别	基本工资	人才引进津贴	定岗	法定福利	产能增量	绩效奖金	员工级别	基本工资	人才引进津贴	定岗	法定福利	产能增量	绩效奖金
001																								
002																								
003																								

(续表)

员工编号	第一周期							第二周期							第三周期							第四周期						
	员工级别	基本工资	人才引进津贴	定岗	法定福利	产能增量	绩效奖金	员工级别	基本工资	人才引进津贴	定岗	法定福利	产能增量	绩效奖金	员工级别	基本工资	人才引进津贴	定岗	法定福利	产能增量	绩效奖金	员工级别	基本工资	人才引进津贴	定岗	法定福利	产能增量	绩效奖金
004																												
005																												
006																												
007																												
008																												
009																												
010																												
011																												
012																												
013																												
014																												
015																												
016																												
017																												
018																												
019																												
020																												

	第一周期	第二周期	第三周期	第四周期
基本工资				
人才引进津贴				
法定福利				
绩效奖金				

年末总计	基本工资		人才引进津贴		法定福利		绩效奖金	

附表F-3　薪酬表

	岗位	第一周期	第二周期	第三周期	第四周期	实发合计	员工薪酬小计
员工薪酬	A级员工						
	B级员工						
	C级员工						
	D级员工						
	合计						
	员工法定福利						

	年初管理人员价值	年度管理人员基本工资	岗位	第一周期		第二周期		第三周期		第四周期		实发合计		管理人员薪酬小计
				基本工资	法定福利	基本工资	法定福利	基本工资	法定福利	基本工资	法定福利	基本工资	法定福利	
管理人员薪酬			总经理											
			人力资源经理											
			招聘甄选主管											
			培训开发主管											
			绩效考评主管											
			薪酬福利主管											
	合计	合计												
	管理人员奖金													
	年度薪酬总计													

附表F-4　超额利润计算表

公司：第　年

本年度净利润	市场平均利润	本年定额利润	超额利润

附表F-5　企业福利费用表

公司：第　年

类别	项目	基数合计	比例	福利费用	备注
企业福利费用	超额利润				本项为计提项，次年年初支付

附表F-6　管理人员奖金表

公司：第　年

管理人员	年末管理人员价值	超额利润	管理人员总价值	管理人员奖金	管理人员奖金合计	备注
总经理						
人力资源经理						
招聘甄选主管						本项为计提项，次年年初支付
培训开发主管						
绩效考评主管						
薪酬福利主管						

附录G　绩效考评主管记录表

在沙盘模拟企业经营过程中，绩效考评主管记录管理人员绩效考核表和员工人数及员工年末价值统计表，如附表 G-1 和附表 G-2 所示。

附表G-1　管理人员绩效考核表

公司：第　年

职位	总经理	人力资源经理	招聘甄选主管	培训开发主管	绩效考评主管	薪酬福利主管	合计
年初管理人员价值							
指标数据							
绩效价值							
年末管理人员价值							

附表G-2　员工人数及员工年末价值统计表

公司：第　年

序号	员工编号	员工级别	年初员工价值	年末员工价值	员工状态
1					
2					
3					
4					
5					
6					
7					
8					
9					
10					
11					
12					
13					
14					
15					
16					
17					
18					
19					
20					
人数总计		价值合计			

附录H　教师记录表

在沙盘模拟企业经营过程中，教师主要记录员工流动记录表、销售统计表，员工流失统计表、绩效考核表和市场平均净利润，如附表 H-1~附表 H-5 所示。

附表H-1　员工流动记录表

第　　年

公司间流动	员工级别	原年基本工资	现年基本工资	人才引进津贴	定岗	P1产能	P2产能	P3产能	P4产能	挖人补偿金	猎头招聘费用
至											
至											
至											
至											
至											
至											
至											
至											

附表H-2　销售统计表

第　　年

		统计分析			G1		G2		G3		G4		G5		G6	
	产品类型	市场需求量	实际交货量	收购价格	交货量	销售收入	交货量	销售收入	交货量	销售收入	交货量	销售收入	交货量	销售收入	交货量	销售收入
第二周期	P1															
	P2															
	P3															
	P4															
	合计															

(续表)

统计分析				G1		G2		G3		G4		G5		G6	
产品类型	市场需求量	实际交货量	收购价格	交货量	销售收入	交货量	销售收入	交货量	销售收入	交货量	销售收入	交货量	销售收入	交货量	销售收入
第四周期	P1														
	P2														
	P3														
	P4														
	合计														

附表H-3　员工流失统计表

第　年

公司	G1			G2			G3			G4			G5			G6			统计		
员工级别	期基本工资	人数	流失人数	期基本工资	人数	流失人数	期基本工资	人数	流失人数	期基本工资	人数	流失人数	期基本工资	人数	流失人数	期基本工资	人数	流失人数	期基本工资总数	总人数	平均期基本工资
A																					
B																					
C																					
D																					

附表H-4　绩效考核表

第　年

	总经理		人力资源经理		招聘甄选主管		培训开发主管		薪酬福利主管		绩效考评主管	
	指标数据	价值增减	指标数据	价值增减	指标数据	价值增减	指标数据	价值增减	指标数据	价值增减	价值增减平均值	价值增减
G1												
G2												
G3												

(续表)

	总经理		人力资源经理		招聘甄选主管		培训开发主管		薪酬福利主管		绩效考评主管	
	指标数据	价值增减	指标数据	价值增减	指标数据	价值增减	指标数据	价值增减	指标数据	价值增减	价值增减平均值	价值增减
G4												
G5												
G6												
平均值												

附表H-5　市场平均净利润

第　年

	G1	G2	G3	G4	G5	G6	市场平均净利润
净利润